Metaverse Leitfaden für Einsteiger

Eine Schritt-für-Schritt-Anleitung zur Entdeckung und zum Investieren in der Metaverse-Welt, Virtuelle Realität, Virtuelles Land, NFT Gaming und Kryptowährungen

Warren Matthews

Alle Warenzeichen und Marken in diesem Buch dienen nur der Verdeutlichung und gehören den Eigentümern selbst, die nicht mit diesem Dokument verbunden sind.

Inhalt

Einleitung

"Das Metaverse ist der Weg in die Zukunft". Wenn Sie sich für das Thema Internettechnologien interessieren, haben Sie diesen Satz sicherlich schon einmal gehört. Aber stimmt das wirklich? Sollten Sie sich Sorgen machen? Sowohl Mark Zuckerberg als auch Bill Gates haben diese Frage bejaht. Facebook-Gründer Zuckerberg hat sich sogar selbst neu erfunden, um sich dem neuen Gebiet anzupassen. Das Metaverse ist zweifellos das nächste große Ding - das, worauf alle gewartet haben, die nicht auf den "Web 2.0-Zug" aufgesprungen sind.

Über das Konzept des Metaverse wird schon seit geraumer Zeit diskutiert. Der Begriff wurde von Neal Stephenson in seinem Roman Snow Crash aus dem Jahr 1992 erfunden. Dort lernt Hiro eine Skateboarderin kennen, die sich selbst als "Yours Truly" anspricht. Sie verbünden sich und beginnen, gegen die Regierung und die Mafia zu intrigieren. Sobald das Metaverse vollständig implementiert ist, könnte dieses Szenario durchaus eine Sonntagnachmittagsbeschäftigung für uns werden.

Die Technik holt das Konzept glücklicherweise ein und macht das Metaverse zu einem immer wichtigeren Konzept. Virtuelle Realität (VR), künstliche Intelligenz (KI) und Blockchains sind alles Beispiele für Metaverse-Elemente, die mit der Zeit zusammenkommen. Zu den letzten Elementen des Puzzles gehören die Finanzierung, Forschung und Entwicklung durch große Namen. Wir sind offenbar auf dem richtigen Weg.

Im Rahmen seiner Metaverse-Strategie entwickelt Microsoft kommerzielle Lösungen.

Microsoft möchte es Unternehmen erleichtern, virtuelle und Augmented-Reality-Umgebungen einzurichten, in denen Mitarbeiter mithilfe von Microsoft Teams und anderen Programmen zusammenarbeiten können. Facebook arbeitet unterdessen mit nichtstaatlichen Organisationen (NGOs) auf der ganzen Welt zusammen, um sicherzustellen, dass die Grundlage des Metaverse ethisch einwandfrei ist.

"Ist das Leben durch Ihren Avatar in einer virtuellen Umgebung nicht schon längst Realität?", werden Sie jetzt fragen. Sie haben völlig recht. Second Life ist ein typisches Beispiel für eine virtuelle Welt mit einer eigenen Kultur und einem eigenen Wirtschaftssystem. Deshalb ist es in den Gesprächen über das Metaverse auch immer wieder erwähnt worden. Doch das Metaverse, über das wir heute sprechen, ist ein umfangreicheres Konzept. Man betritt den Cyberspace mit einer Virtual-Reality-Brille und interagiert vollständig mit der Umgebung. So als ob man physisch anwesend wäre. Das Second Life wäre dann eher ein Teil des Metaverse als ein Metaverse an und für sich.

Laut Mark Zuckerberg ist das Metaverse ein verkörpertes Internet. Das bedeutet, dass es das Internet, wie wir es bisher kennen, erweitern, wenn nicht gar komplett ersetzen wird. Der Gründer von Epic Games, Tim Sweeney, verfolgt eine ähnliche Strategie. Einige arbeiten bereits an Inhalten, verkaufen virtuelles Land und andere Gegenstände im Metaverse.

Die Popularität von Kryptowährungen hat zugenommen, und sie werden als Finanzinstrument mehr denn je respektiert. Daher wird auch die Idee, im Metaverse Geld zu verdienen, immer beliebter.

Mit diesem Buch werden wir tief in das Metaverse eintauchen. Wir behandeln Technologie, Philosophie, Wirtschaft und vieles mehr. Damit haben Sie alles, was Sie brauchen, um an dieser Revolution teilzunehmen.

Lassen Sie uns nun ohne weitere Erklärungen herausfinden, was das Metaverse eigentlich ist.

Kapitel 1. Was ist das Metaverse?

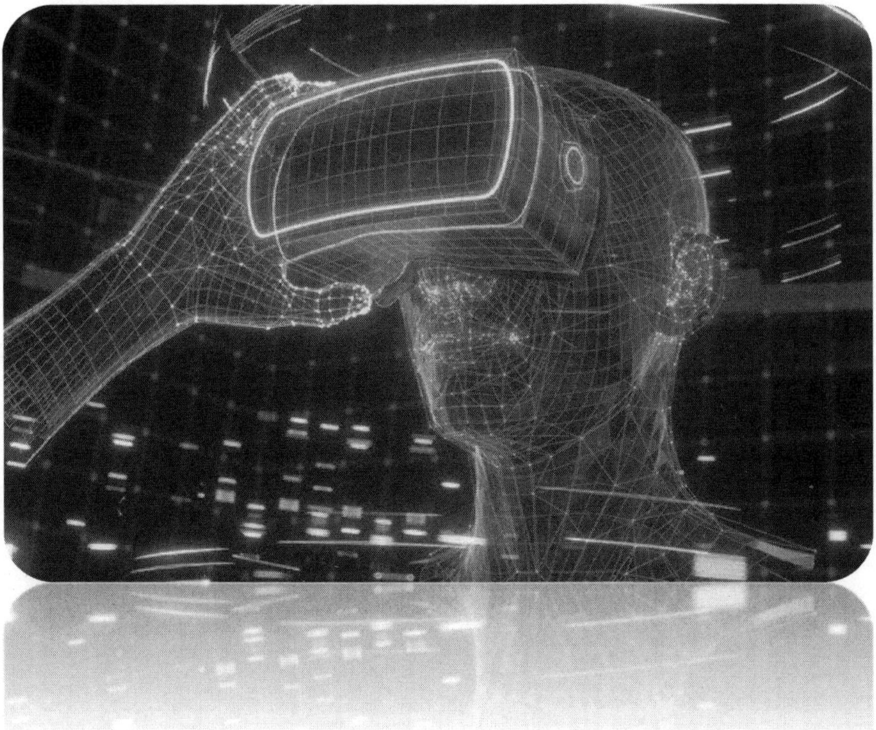

Der Begriff "Metaverse", ursprünglich von dem Science-Fiction-Autor Neal Stephenson in seinem Roman Snow Crash aus dem Jahr 1992 geprägt, bezieht sich auf die Vision einer immersiven, realitätsnahen virtuellen Welt, die derart komplex, hilfreich und fesselnd ist, dass man sie nur schwer als der "realen Welt" untergeordnet betrachten kann. Erste Ansätze für das Metaverse wurden in verschiedenen Spiel- und anderen Online-Communities entwickelt.

Dazu gehört zum Beispiel das beliebte Multiplayer-Online-Rollenspiel World of Warcraft (MMORPG). Es hat Millionen von Abonnenten und ist zu einem Ort der Vernetzung in der echten Welt geworden. Eine weitere virtuelle Welt, Second Life, ist noch stärker dem Metaverse zuzuordnen, denn es handelt sich hierbei nicht um ein spezielles Spiel, sondern vielmehr um eine offene Welt. "Gewinnen" bedeutet hier einfach, die Welt zu erkunden, miteinander zu kommunizieren und Gegenstände zu erschaffen, an denen man selbst und andere Spieler Freude haben. Manche Gegenstände in Second Life werden sogar mit einer globalen Währung, dem Linden-Dollar, gekauft und verkauft.

Das Wirtschaftssystem von Second Life entspricht der Größe zahlreicher mittelgroßer Städte. Viele Unternehmen haben in Second Life Standorte eingerichtet, wo sie ihre Produkte bewerben und den Kunden die Möglichkeit geben, ihre Modelle vor dem Kauf zu testen. Der Gedanke, eine neue virtuelle Welt als unmittelbare Weiterentwicklung des Internets zu schaffen, ist ein gefundenes Fressen für viele Unternehmen, die schon jetzt an das Geld (auch virtuelles Geld) denken, das sie von den Nutzern einnehmen werden, wenn sie ihnen Zugang zu einem neuen Universum bestehend aus Erlebnissen, Filmen, Konzerten, Treffen, Spielen und allem Möglichen in digitaler Form verkaufen. Stellen Sie sich Ihren Tagesablauf vor und setzen Sie ihn in virtueller Form um: Meetings, Sitzungen, Mittagessen, Sport, Fitness, Filme, Messen, Videospiele und Einkäufe werden so umgewandelt, dass sie auch in der neuen 3D-Umgebung verfügbar sind, die zurzeit aufgebaut wird.

Es wird noch Jahre dauern (und Milliarden von Nutzern und smarte Brillen) brauchen, bis das Metaverse seine volle Wirkung entfalten kann. Manche Leute glauben jedoch so sehr daran, dass sie den Namen des Unternehmens nach dem Metaverse benannt haben, wie zum Beispiel die ehemalige Facebook-Gruppe, die jetzt Meta heißt.

Vor Kurzem hat das Unternehmen seine eigene Hypothese einer erweiterten virtuellen Welt vorgestellt und den Nutzern erklärt, wie man Freunde nach Hause einladen, Spiele spielen, surfen, sich mit Kollegen treffen oder ein Konzert besuchen kann, ohne sein Wohnzimmer zu verlassen - und das im Handumdrehen. Das Team unter der Leitung von Mark Zuckerberg ist nur die Spitze des Eisbergs in der Welt der Technik und Videospiele. Zahlreiche andere Unternehmen haben ebenfalls stark in die neue virtuelle Umgebung investiert und hoffen, dass sie in den nächsten Jahren die erhofften Vorteile daraus ziehen können.

Welche Unternehmen haben darauf gewettet?

Über Meta haben wir bereits gesprochen, aber auch Microsoft, Roblox, Epic Games, Tencent, Alibaba und ByteDance haben bereits Millionen von Dollar in die Entwicklung des Projekts investiert. Das Unternehmen aus Redmond hat Mesh für Microsoft Teams vorgestellt, mit dem Sie als Avatar an Videogesprächen teilnehmen können und so ein Gefühl von gemeinsamer Anwesenheit in der Besprechung erhalten. Das Tolle an dieser Idee ist, dass Sie dies von jedem Gerät aus tun können, ohne dass Sie eine spezielle Brille oder ein Visier benötigen, da Microsofts Cloud durch den Einsatz von künstlicher Intelligenz die virtuelle Realität erzeugt.

Bei Roblox wird ein Team für die Entwicklung von Spielen für das Metaverse gebildet, während Epic Games - also Fortnite - untersuchen möchte, wie es in seine Plattform integriert werden kann, wo man bereits jetzt Konzerte, Filme und virtuelle Gedenkfeiern wie die von Martin Luther King Jr. sehen kann.

Die Firma Alibaba will für die explosionsartige Entwicklung des virtuellen E-Commerce gerüstet sein, während ByteDance (das TikTok leitet) herausfindet, wie sich Videos im 3D-Format weiterentwickeln lassen.

Entwicklungen im Bereich der virtuellen Realität

Die virtuelle Realität ist mit Sicherheit nicht neu. Ihre Entstehung geht auf die 80er Jahre zurück. Dies ist der Arbeit des Informatikers Jaron Lanier mit seinem Unternehmen VPL Research zu verdanken, dessen Abkürzung für Virtual Programming Languages steht. Nach mehr als drei Jahrzehnten haben sich Virtual Reality (VR) und Augmented Reality (AR) jedoch nicht wie erwartet durchgesetzt. Oculus VR, der Virtual-Reality-Visor des gleichnamigen Unternehmens, das im Jahr 2014 von Facebook übernommen wurde, ist zumindest auf Verbraucherebene nicht mehr als ein Gadget geblieben.

Die virtuelle Realität galt als die technisch-utopische Zukunft. Doch Paul Skallas, der Autor der Newsletter-Plattform Substack, stellte vor kurzem fest: "Im Jahr 2000 hieß es, die virtuelle Realität stehe kurz vor dem Durchbruch und werde alles verändern. Nun schreiben wir das Jahr 2020: Wo bleibt sie?"

Virtuelle Realität und AR stoßen auf einen großen Stolperstein: die Gewohnheit der Menschen, physische Beziehungen einzugehen. Statt im Alltag haben sich VR und AR eher in der Industrie etabliert.

Facebook und das Metaverse

Das Metaverse wird von Facebook als eine seiner Prioritäten betrachtet, und das sogar so sehr, dass das Unternehmen vor kurzem 50 Millionen Dollar in die Finanzierung von gemeinnützigen Gruppen investiert hat. Diese sollen dabei helfen, "das Metaverse verantwortungsvoll aufzubauen", wenngleich Facebook die Überzeugung vertritt, dass es 10 bis 15 Jahre dauern wird, bis diese Idee in die Realität umgesetzt wird. Inzwischen hat das Unternehmen bereits angekündigt, dass es zur Entwicklung des Metaverse 10 000 Mitarbeiter in Europa einstellen wird.

Für Zuckerberg und andere milliardenschwere Unternehmer aus dem Silicon Valley scheint das Metaverse in greifbare Nähe gerückt zu sein. In dem kürzlich erschienenen Interview mit The Verge nannte der Facebook-Gründer das Metaverse "den Nachfolger des mobilen Internets", eine Art "personifiziertes Internet, in dem man sich nicht nur Inhalte anschaut, sondern in dem man sich selbst befindet".

Im vergangenen Sommer wurde bei Facebook ein neues Team gegründet, das sich ausschließlich mit der Entwicklung des Metaverse beschäftigt. Dieses Team ist Teil der Virtual-Reality-Abteilung Reality Labs, die von Andrew "Boz" Bosworth, dem Erfinder des Oculus-Headsets, geleitet wird und besteht aus Spezialisten von Instagram, Facebook Gaming (Videospiele) und Oculus selbst.

Nun betreten sie das Metaverse mit Virtual-Reality-Geräten wie Oculus 2 (von demselben Meta), sie entwickeln jedoch auch Anwendungen im Bereich Augmented Reality, die mit Brillen zugänglich sind.

Das ist ein Tempowechsel in der Strategie des Unternehmens, das immer mehr in AR- und VR-Technologien investieren will. Diese Technologien können dem Unternehmen die Möglichkeit bieten, seine Hardware-Plattform zu kontrollieren.

Die Idee erinnert in gewisser Weise an die NFTs (Non-Fungible Tokens), die mit der Blockchain verbunden sind und im letzten Jahr die Kunstwelt mit ihren Besitzzertifikaten für immaterielle Güter erobert haben. Trotz aller Unterscheidungen (Bit-Technologien wie Facebook sind tendenziell zentralisierend, während Blockchain und Kryptowährungen dezentralisiert sind) haben beide die gleiche Vorstellung von technologischem Fortschritt: etwas, um der Realität zu entkommen.

Die Nützlichkeit des Metaverse

Das Metaverse ermöglicht es uns, zu arbeiten, zu spielen und unser tägliches Leben wie in der realen Welt zu führen, mit dem Unterschied, dass wir von einem virtuellen Alter Ego vertreten werden. Beispielsweise erstellt eine Person einen dreidimensionalen Avatar auf einer Plattform, der die physische Person im Metaverse repräsentiert, um an virtuellen Treffen teilzunehmen. Sobald das Treffen vorbei ist, kann er mit anderen Menschen, die andere Avatare benutzen, virtuell zu einer Musikveranstaltung gehen. Dort kann es auch virtuelle Läden oder ähnliches geben, so als würde die Veranstaltung live stattfinden, wobei jeder Avatar die Waren des auftretenden Musikers kaufen kann, indem er mit Kryptowährungen dafür zahlt.

Das beim Konzert im Metaverse gekaufte T-Shirt kann dann bei anderen virtuellen Anlässen getragen oder an andere Personen verliehen werden usw. Kurz gesagt, auf diese Weise könnten verschiedene Kommunikationsinstrumente wie das Streamen von Live-Events, E-Commerce und soziale Netzwerke einbezogen werden.

Facebook bietet schon jetzt verschiedene Möglichkeiten der Interaktion: Man kann dort Live-Musikdarbietungen, Spielesitzungen, Kurse oder Konferenzen veranstalten oder Waren auf dem Marktplatz kaufen; das Ziel ist es, das Ganze außerhalb des Sozialen in eine "Welt" zu bringen, in der sich Reales und Virtuelles vermischen.

Die Probleme des Metaverse

Damit sich das Metaverse durchsetzen kann, müssen einige Hindernisse aus dem Weg geräumt werden. Wenn Visiere, virtuelle Realität und Plattformen bereits verfügbar sind - oder zumindest fast -, müssen noch einige Probleme gelöst werden. Erstens: Von wem wird das Metaverse verwaltet? Die plausibelste Lösung ist, die Verwaltung einer gemeinnützigen Organisation zu übertragen, ähnlich wie es jetzt mit dem Internet der Fall ist. Die zweite Frage (die eng mit der ersten zusammenhängt): Reicht ein Metaverse aus oder werden wir Dutzende davon sehen? Das hängt davon ab, ob sich die Unternehmen einig sind, dass der Aufbau einer einzigen virtuellen Welt für alle gut wäre: für die Nutzer, die die Plattform wechseln könnten, so wie sie jetzt die Website im Browser wechseln; und für die Unternehmen, die sich auf eine gute Nutzerbasis stützen könnten.

Sind diese beiden Hürden erst einmal genommen, muss man sich auch Gedanken über die Sicherheit der Nutzer, den Schutz der Privatsphäre, die Auswirkungen auf die Gesellschaft in jeder Hinsicht und die technologische Vormachtstellung machen, die sich daraus ergeben könnte. Das sind jedoch Fragen, die sich erst nach der Einführung des Metaverse stellen werden. Bis wir die richtigen Antworten gefunden haben, werden noch einige Jahre vergehen.

Gegenwärtig lässt die bestehende Technologie jedoch noch nicht das volle Potenzial des Metaverse zu, da die bekannten Verbindungssysteme den benötigten riesigen gleichzeitigen Datenfluss nicht unterstützen können, vor allem wenn man das Smartphone-Erlebnis genießen möchte.

4G-Verbindungen sind weitgehend unzureichend, weshalb mehrere Unternehmen in 5G investiert haben, obwohl dies für viele nicht einmal der entscheidende Schritt ist. Es wird noch mehr Arbeit nötig sein, um die Grundlage für das Metaverse zu schaffen, wie ursprünglich angedacht. Facebook war sich dessen seinerzeit bewusst, bevor das Projekt vorgestellt wurde. Genauso ist sich Facebook darüber im Klaren, dass die Arbeit am neuen Metaverse eine historische Revolution sein wird, so wie es zunächst mit dem Internet und später mit den sozialen Medien der Fall war.

Kapitel 2. Virtuelle Realität

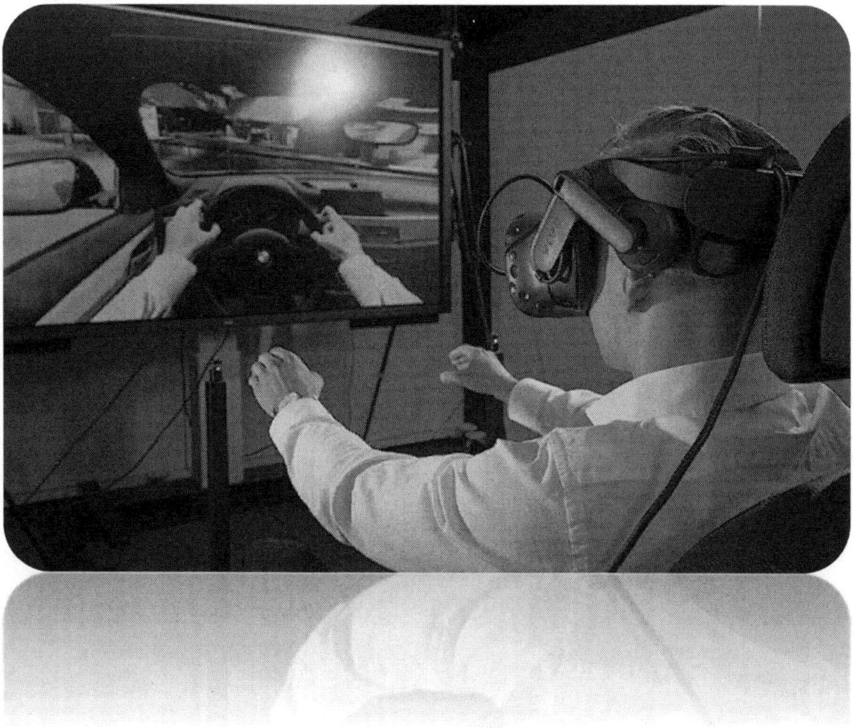

Geschichte von Virtual Reality

Schon Mitte des letzten Jahrhunderts sprachen einige Visionäre von Werkzeugen, die in der Lage waren, die Realität zu simulieren und fotorealistische Szenarien per Computer zu rekonstruieren.

Zukunftsforscher wie Ivan Sutherland, der 1988 mit dem Turing-Preis ausgezeichnet wurde, haben Werkzeuge entwickelt, die wir heute als Vorläufer der Virtual-Reality-Displays bezeichnen könnten.

Zahlreiche Hightech-Unternehmen haben seit Beginn der 2000er Jahre Milliarden von Dollar investiert und sich intensiv mit der virtuellen Realität beschäftigt. Seitdem haben die Geräte große Fortschritte gemacht und sind in den letzten Jahren bei vielen neugierigen Verbrauchern zu Hause angekommen. Aber die Möglichkeit, dass die virtuelle Realität Einzug in unser tägliches Leben halten könnte, wurde von vielen Menschen abgelehnt. Bis zum Ausbruch der Pandemie schien das Interesse an diesen Technologien immer mehr zu schwinden und wurde sogar von Giganten wie Microsoft und Sony aufgegeben.

Trotz der Bemühungen, das Nutzererlebnis zu verbessern, hat sich die virtuelle Realität bisher nur als Nischenzeitvertreib für Technikbegeisterte erwiesen. Wenige waren bereit, mehrere Tausend Dollar für einen VR-Visor oder ein VR-Tool auszugeben, die häufig sperrig und unweigerlich mit einem leistungsstarken Computer verbunden sein müssen.

Der Wendepunkt im Jahr 2020: Der durch die Pandemie ausgelöste Notstand hat jeden Markt radikal verändert und die Spielregeln neu definiert. Die Tatsache, dass man das Haus nicht mehr verlassen konnte und mit Kollegen, Mitarbeitern und Kunden in Kontakt bleiben musste, führte zur Digitalisierung der Arbeit. Je mehr Menschen digital arbeiteten und lebten, desto stärker stieg der Absatz von VR-Viewern.

Im Jahr 2020 wird der Absatz von Virtual-Reality-Hardware exponentiell ansteigen. Dem Marktforschungsunternehmen IDC zufolge war eines der meistgekauften und beliebtesten Produkte im Jahr 2020 der von Facebook hergestellte Oculus Quest 2 Visor.

Geräte für Virtual Reality

Im Gegensatz zu AR steht die virtuelle Realität am anderen Ende des Kontinuums der gemischten Realität, da der Benutzer vollständig in die virtuelle Welt eintaucht.

Dieser Abschnitt gibt einen kurzen Überblick über die wichtigsten VR-Geräte auf dem Markt.

Oculus Rift CV1

Nachdem Oculus bereits zwei Modelle für Softwareentwickler produziert hat, nämlich DK1 und DK2 (Developer Kit), bringt das Unternehmen nun die erste Version der Oculus Rift für den Verbrauchermarkt heraus.

Technische Eigenschaften: Der Betrachter verwendet ein Dual-Display-System mit einer Auflösung von 1200×1080 Pixeln, ein optisches Tracking-System und Stereolautsprecher.

Die Displays, die über eine Bildwiederholfrequenz von 90 Hz verfügen, sind vom Typ AMOLED, einer Variante der OLED-Technologie, die üblicherweise bei der Herstellung von kleinen Displays, z. B. in Smartphones, zum Einsatz kommt.

Der Grund für die Wahl der OLED-Technologie im Vergleich zur preiswerteren LCD-Technologie liegt in der viel geringeren Reaktionsgeschwindigkeit von OLED, die es ermöglicht, durch die sogenannte Low-Persistence- oder Strobing-Technik die Bewegungsunschärfe zu verringern, die durch das Verharren des Bildes auf der Netzhaut entsteht.

Da es sich um zwei getrennte Displays handelt, lässt sich der Abstand zwischen den Displays über ein mechanisches System einstellen.

Das Trackingsystem, das so genannte Constellation Tracking System, ist optisch und verwendet zwei Sensoren. Diese erkennen die Position der Infrarot-LEDs, die den Betrachter abdecken. Auf der Grundlage dieser Werte bestimmt das Tracking-System die Position und die Drehung des Betrachters in Bezug auf den Sensor. Dieses System ist ein Beispiel für ein Outside-in-Tracking-System, bei dem die Sensoren außen angebracht sind.

Oculus Rift S

Im Jahr 2019 veröffentlichte Oculus eine neue Version der Rift, genannt Rift S. Anders als die Vorgängerversion hat das neue Visier einen einzelnen LCD-Bildschirm mit einer Auflösung von 2560×1440 Pixeln und einer Bildwiederholfrequenz von 80 Hz.

Zusätzlich zum neuen Display verfügt die Rift S auch über ein neues Inside-Out-Trackingsystem, genannt Oculus Insight. Anhand von fünf Kameras, die auf dem Betrachter angebracht sind, kann Rift S seine Position und Drehung im Verhältnis zur Umgebung verfolgen. Außerdem kann es die Infrarot-LEDs der Controller verfolgen.

Oculus Quest

Im Jahr 2016 hat Oculus sein Interesse an eigenständigen Geräten bekundet, mit dem Ziel, direkt in das mobile Ende des VR-Marktes einzusteigen. Im Jahr 2018 wird zunächst der Oculus Go Visor veröffentlicht, gefolgt von der Oculus Quest im Jahr 2019.

Spezifikationen: Basierend auf dem Qualcomm Snapdragon 835-Chip ist die Oculus Quest ein Standalone-Gerät, das ein Tracking-System mit sechs Freiheitsgraden (Position und Rotation), einen Motion-Controller und ein OLED-Display mit einer Auflösung von 1440×1600 und einer Bildwiederholfrequenz von 72 Hz bietet.

HTC Vive

HTC Vive ist das Ergebnis einer Zusammenarbeit zwischen dem taiwanesischen Unternehmen HTC und dem amerikanischen Entwickler Valve auf dem Gebiet der VR.

Technische Aspekte: Die technischen Eigenschaften des Geräts entsprechen weitgehend denen der Oculus Rift CV1. Das Gerät verfügt über einen dualen AMOLED-Bildschirm mit einer Auflösung von 1200×1080 Pixeln und einer Bildwiederholfrequenz von 90 Hz sowie einem Blickfeld von etwa 110° (in der Diagonale gemessen).

Der größte Unterschied ist das Lighthouse genannte Tracking-System, mit dem das Gerät einen 360-Grad-Tracking-Modus in einem Volumen von einigen Quadratmetern, dem so genannten Room-Scale, unterstützen kann.

Das Verfolgungssystem Lighthouse, das von Valve entwickelt wurde, nutzt Basisstationen, die Laserstrahlen erzeugen.

Mit Hilfe von Photorezeptorsensoren, die auf dem Betrachter und den Controllern (oder allgemeiner auf dem zu verfolgenden Objekt) angebracht sind, lässt sich die Position und Drehung des verfolgten Objekts bestimmen.

Samsung Gear VR

2015 brachte Samsung die Samsung Gear VR, die in Zusammenarbeit mit Oculus hergestellt wurde, als Zubehör für seine High-End-Smartphones heraus.

Die Samsung Gear VR kann als deutlich fortschrittlichere Version von Google Cardboard angesehen werden. Dabei handelt es sich um einen Behältnis, in dem Sie Ihr Samsung-Smartphone platzieren können, das dann als Display und Verarbeitungseinheit dient.

Anwendungsbereiche

Unterhaltung und Kultur

In den vergangenen Jahren ist das Interesse der Öffentlichkeit an der virtuellen Realität vor allem dank der neuen, durch Oculus Rift ausgelösten Welle kommerzieller Visiere neu entfacht worden, vor allem im Bereich der Spiele und allgemein in der Unterhaltung. Zudem haben sich auch andere Aktivitäten und Bereiche, die von Natur aus eher bildungsorientiert sind, der Neuartigkeit der VR zugewandt, um ein jüngeres Publikum anzusprechen, das normalerweise aufmerksamer gegenüber technologischen Innovationen ist; so findet man virtuelle Museen und Themenparks, interaktive Theatervorstellungen und mehr.

Der Hauptantrieb, der diese neuen Erfahrungen vereint, ist das Eintauchen und die Einbeziehung des Publikums, das nicht mehr nur eine passive Rolle spielt, sondern auf Wunsch eine aktive Rolle übernehmen kann.

Durch die direkte Interaktion, die die neuen Technologien der virtuellen und erweiterten Realität ermöglichen, können Informationen auf neue und interessante Weise vermittelt werden. Ein Museum stellt zum Beispiel Computerrekonstruktionen von Werkzeugen und Maschinen aus der Vergangenheit aus. Mit Hilfe von VR-Brillen kann der Besucher die 3D-Rekonstruktion aus verschiedenen Blickwinkeln betrachten, so als hätte er das Originalobjekt vor sich.

Da es sich um ein 3D-Modell handelt, können die Besucher mit dem nachgebildeten Werkzeug oder der Maschine interagieren, wodurch zum einen die Beteiligung und zum anderen der Lernaspekt erhöht werden. Beispiele, die mit den in 3D reproduzierten Maschinen vergleichbar sind, sind die Computer-Rekonstruktionen von architektonischen Elementen oder sogar von ganzen historischen und antiken Gebäuden, die heute nicht mehr existieren. Einerseits, weil sie im Laufe der Zeit zerstört wurden, und andererseits, weil sie durch Naturkatastrophen oder vom Menschen verursacht wurden.

Dank VR wird es möglich, das, was nicht mehr existiert, zum Leben zu erwecken und mit eigenen Augen zu bewundern, und zwar auf eine natürlichere Art und Weise, als wenn man zum Beispiel eine Nachbildung im Fernsehen sieht.

Dank des Tracking-Systems moderner VR-Viewer kann man sich außerdem frei im Raum bewegen und die Nachbildung aus verschiedenen Blickwinkeln betrachten.

Im Bereich der Spiele hat die Einführung der VR-Technologie den Weg für neue Genres und Formen der Interaktion geebnet. Der Benutzer sitzt nicht mehr in einer fast starren Position und drückt die Knöpfe eines herkömmlichen Controllers, sondern kann sich im Stehen auf dem Spielfeld bewegen und die Spielhandlungen auf natürliche und intuitivere Weise ausführen.

Einer der größten Vorteile dieses neuen Ansatzes für die Spielinteraktion hängt mit der körperlichen Gesundheit zusammen: Da der Spieler gezwungen ist, sich zu bewegen, wird er zu körperlicher Aktivität angeregt und ermuntert, was sich wiederum positiv auf die Gesundheit auswirkt.

Am meisten profitieren die Genres von VR, in denen sich der Spieler in einem Fahrzeug (wie bei Fahrspielen), einem Flugzeug (wie bei Flugsimulatoren) oder sogar in einem Fantasieauto (wie bei einem Mech) befindet. Das Gefühl der körperlichen Präsenz ist sehr stark, und vor allem treten die negativen Symptome der Übelkeit seltener auf, wenn der Benutzer einen festen Bezugspunkt (beispielsweise das Armaturenbrett des Autos) in seinem Blickfeld hat.

Andere Genres, die sich besonders gut für VR eignen, sind solche, in denen der Spieler eine Ich-Perspektive hat und sich natürlich bewegen kann.

Herkömmliche Videospiele gehen davon aus, dass der Avatar des Nutzers große Entfernungen zurücklegen kann, so dass die Integration der virtuellen Realität nicht immer unmittelbar erfolgt. In vielen Fällen ist es gar nicht möglich, ein VR-Gerät zu unterstützen, es sei denn, die Spielmechanik, vor allem die Bewegungsmechanik, wird grundlegend überarbeitet und an die VR angepasst.

Die derzeit am häufigsten verwendeten Methoden der Fortbewegung sind hier aufgeführt:

Klassische Bewegung über einen Analogstick: Einfach umzusetzen, sollte aber vermieden werden, da es Übelkeit auslösen kann.

Natürliche Bewegung: Der Spieler bewegt sich physisch auf dem Spielfeld. Der einzige und große Nachteil ist, dass der Spielbereich durch den zur Verfügung stehenden Platz und durch andere Hindernisse, wie z. B. Kabel, begrenzt ist.

Teleportation: Der Spieler zeigt z. B. mit dem Zeiger auf dem Motion-Controller an, wohin er sich bewegen möchte, und gibt den Befehl dann über die entsprechende Taste. Dieses System ist gut geeignet, um Übelkeit vorzubeugen. Es eignet sich jedoch nicht immer für bestimmte Spiele (denken Sie an ein Wettkampfspiel, bei dem sich die Teilnehmer gegenseitig erschießen; die Teleportation würde es schwierig machen, dem Ziel zu folgen).

Portale: Vergleichbar mit der Teleportation, mit dem Unterschied, dass der Benutzer ein Paar Portale erstellt, eines in der Nähe des Ortes, an dem er sich befindet, und das andere an dem Ort, an den er gehen möchte; der Spieler betritt das erste durch eine physische Bewegung und befindet sich außerhalb des zweiten.

ArmSwinger: Diese Fortbewegungsmethode ermöglicht es, sich über große Entfernungen fortzubewegen und gleichzeitig keine Übelkeit hervorzurufen. Der Spieler muss seine Arme schwingen, als ob er gehen oder rennen würde. Dabei bleibt er physisch an Ort und Stelle, während sich der Avatar im Verhältnis zur Häufigkeit des Schwingens bewegt.

Militär

Beim Militär wird die virtuelle Realität als besonders nützliches Instrument eingesetzt, um Soldaten zu trainieren, mit Konfliktszenarien und ungewöhnlichen und gefährlichen Situationen angemessen umzugehen, ohne das Risiko einzugehen, schwer verletzt zu werden oder zu sterben.

Verglichen mit traditionellen Ausbildungsmethoden sind VR-Simulationen kostengünstiger und stellen kein Risiko für die Sicherheit der Soldaten dar. Die von den Soldaten in der Ausbildung verwendeten Geräte sind Head-Mounted-Displays und Datenhandschuhe, die beide verfolgt werden, um die Interaktion mit virtuellen Objekten zu ermöglichen.

Zu den typischen Ausbildungsaktivitäten gehören:

- Ausbildung von medizinischem Personal.
- Simulation von bewaffneten Konflikten.
- Flugsimulation für Piloten.
- Fahrsimulation.

Virtual Reality kann bei der Behandlung von Symptomen helfen, die durch eine posttraumatische Belastungsstörung (PTSD) verursacht werden, ein Zustand, der bei vielen Veteranen auftritt, die Traumata oder besonders schwierige psychologische Bedingungen auf dem Schlachtfeld erlitten haben. Damit die Patienten lernen, mit ihren PTBS-Symptomen umzugehen, werden sie Situationen ausgesetzt, die nach und nach die Störung auslösen, so dass sie lernen können, sie in einer Umgebung zu kontrollieren, die als sicher empfunden wird.

Kapitel 3. Augmented Reality

In diesem Abschnitt werden wir über Augmented Reality sprechen, was sie ist, wie sie funktioniert und welche Anwendungsbereiche es gibt. Man kann sie als eine Komponente betrachten, die uns zusammen mit Virtual Reality zum Metaverse führt.

Mit dieser Technologie können Sie multimediale Informationen über das, was Sie auf einem beliebigen Bildschirm sehen, einblenden: Augmented Reality eröffnet somit neue Anwendungshorizonte, die Unternehmen in vielen Bereichen helfen, einschließlich der Fernunterstützung.

Smarte Brillen, spezielle Spiegel, interaktive Zeitschriften, Windschutzscheiben, die Sie durch den Verkehr leiten, Gemälde, die zum Leben erwachen: Das nennt man Realität. Diese Technologie nutzt die Displays von Mobilgeräten, tragbaren Geräten, Fahrzeugfenstern und interaktiven Displays, um Informationen zu dem hinzuzufügen, was wir sehen.

Die Einsatzmöglichkeiten sind nahezu unbegrenzt: Von der Automobilindustrie über die Fertigung bis hin zu intelligenten Verpackungen und Betriebsabläufen.

Definition

Augmented Reality ist die Integration digitaler Informationen in Echtzeit mit der Umgebung, in der sich der Nutzer befindet. Durch diese Integration entsteht eine "Anreicherung" der Realität, von der sich der Begriff AR ableitet.

Mit einem Tablet oder einem Smartphone kann man ein beliebiges Objekt einrahmen und auf dem Display jede Art von Zusatzinformationen sehen: Text, Bilder, reale oder animierte Filme.

Augmented Reality kommt zum ersten Mal in der Unterhaltungsbranche zum Einsatz, aber der Schwerpunkt liegt auf dem Infotainment, das die Quantität und Qualität der Informationen, die in einem spezifischen Zusammenhang genutzt werden können, mit der interaktiven Leichtigkeit einer beliebigen kapazitiven Oberfläche in Verbindung mit einer Kamera und einem speziellen Verwaltungssystem verbindet.

Auch in der Industrie, in der Lieferkette und im Betrieb erfreut es sich großer Beliebtheit. Hier sind einige Beispiele, die helfen, Zusammenhänge und Entwicklungshorizonte zu verstehen.

So funktioniert es

AR scheint heute der nächste Schritt zu intelligenter Mobilität und intelligentem Arbeiten zu sein. Dabei handelt es sich um eine Form des visuellen Content Managements 2.0, die es Unternehmen und Organisationen ermöglicht, neue Informationsebenen in Echtzeit und mit einer hohen Interaktionsrate über mobile Geräte jeder Art, einschließlich Wearable Technologies, hinzuzufügen.

Die ersten Versuche stammen aus der Unterhaltungsbranche und nutzen den "Wow-Effekt", der die Aufmerksamkeit durch Überraschung und virtuelle Magie fesselt. Vorreiter der Entwicklung sind einige Unternehmen wie Metaio (von Apple aufgekauft) und Blippar.

Augmented Reality kann auf verschiedene Weise und mit verschiedenen Gerätetypen umgesetzt werden:

- **Augmented Reality Smartphones and Tablets:**

Die populärste und bekannteste Form von AR wird über ein Smartphone, eine Augmented-Reality-App und die Sensoren des Geräts, darunter Gyroskop, GPS, Beschleunigungsmesser und Kamera, genutzt. Mit einer AR-App kann man auf dem Display des Smartphones die Umgebung sehen, in der sich der Benutzer durch die Kamera des Telefons befindet, angereichert mit allen zusätzlichen Informationen, die in der realen Welt nicht vorhanden sind. Zum Beispiel kann man im Bereich

Augmented Reality Business eine Maschine einrahmen und um ihre Betriebsdaten, Wartungsvideos, die zuletzt aufgetretenen Probleme usw. sehen. Airlapp entwickelt iOS- und Android-Augmented-Reality-Apps für jede Art von Nutzung, Business, Marketing,Unterhaltung,Bildung,Soziales.

- **Augmented Reality Glasses:**

Dabei handelt es sich um eine weitere bekannte Form von AR, die durch Google Glass bekannt wurde und vom X Lab-Team entwickelt wurde. Die Brille ist mit einer speziellen Kamera und einem Display über dem rechten Auge ausgestattet, auf dem zusätzliche Informationen über die Realität gelegt werden.

Es handelt sich zweifellos um eines der bekanntesten Projekte für Augmented-Reality-Brillen, aber sicher nicht um das erfolgreichste. Auch andere Unternehmen haben AR-Visiere vorgeschlagen und entwickeln sie weiter, wie Epson, Sony und Microsoft, das mit seiner Hololens heute das attraktivste Angebot auf dem Markt darstellt. Airlapp gehört zu einer kleinen Gruppe von Unternehmen, die in der Lage sind, Augmented-Reality-Apps für AR-Visiere auf der Grundlage der Kundenbedürfnisse zu entwickeln. Wir haben gesehen, wie AR eingesetzt wird, aber in welchen Bereichen kann es eingesetzt werden?

Diese Frage ist fast schon eine Provokation, denn Augmented Reality ist eine so neue und leistungsstarke Technologie, dass die Grenzen ihres Einsatzes nur durch die Vorstellungskraft bestimmt werden.

Heutzutage wird sie im medizinischen Bereich für Fernoperationen eingesetzt, in der Industrie zur Überwachung von Arbeitsplätzen, im Militär zur Identifizierung von Zielen, im Bildungswesen zur Einbindung von Schülern, im Gaming zur Erfindung neuer Spiele, im Marketing, um dem Kunden Emotionen zu vermitteln... Nahezu in jedem Bereich, in dem jemand auf die Idee gekommen ist, einen Bedarf mit dieser Technologie zu decken.

Augmented Reality Beispiele

Zu den Vorreitern bei der Nutzung von Augmented Reality gehören Einzelhandelsmarken wie Lego, Tesco und Ikea. Die Anfänge liegen schon lange vor der Verbreitung von Smartphones und Tablets: Schon vor fünf Jahren wurden interaktive Installationen oder mit einer Kamera ausgestattete Heim-PCs eingesetzt.

Um zu verhindern, dass neugierige Kunden die Verpackungen öffnen, und um die Verwendung der Spielinhalte besser zu verstehen, setzt Lego beispielsweise Augmented Reality als eine Form der intelligenten Verpackung ein. In einer eigens dafür vorgesehenen Ecke, die eine Verpackung vom Monitor aus einrahmt, kann man eine Art Trailer sehen, in dem die Figuren in einer Animation in einen Gag verwickelt sind.

Bei Tesco hingegen wurde Augmented Reality bereits auf einem Werbeflyer eingesetzt. Von zuhause aus konnte der Nutzer den Marker einrahmen, der dem Objekt entsprach, und dieses erschien in seinen Händen.

Einen Fernseher in 3D zu visualisieren, als ob er wirklich im Geschäft vor dem realen Objekt stünde, war eine Möglichkeit, dem digitalen Erlebnis eine Reihe wichtiger Zusatzinformationen hinzuzufügen (Volumen des Geräts und damit seine Größe, die Art der Eingänge für Zubehör usw.).

Darüber hinaus gab es intelligente Verpackungen von Snacks und Getränken; durch das Einrahmen der Verpackung mit dem Smartphone konnte der Kunde, der an der Kasse wartete, je nach Gag in AR durch verschiedene Gamification spielen. Heinz ermöglichte die Visualisierung von Rezepten mit der bekannten Soße, Starbuck's ermöglichte zu Weihnachten auf seinen Bechern kleine thematische Clips mit Rentieren, Weihnachtsmännern und Schneemännern in Animation.

Nach Einschätzung von Gartner könnten AR und VR das Kundenerlebnis revolutionieren, indem sie es den Kunden ermöglichen, Produkte in einem "realen" Kontext zu betrachten und personalisierte Angebote zu erhalten.

Neue Anwendungshorizonte

Augmented Reality bedeutet, dass die Displays von mobilen und tragbaren Geräten genutzt werden, um zusätzliche Informationen zu erhalten, die der Realität, die wir sehen, überlagert werden. Man braucht nur eine Kamera: Die reale Umgebung, die auf dem Display visualisiert wird, wird mit Text und anderen animierten Inhalten angereichert, die perfekt in den Kontext mit extrem einfachen und funktionalen Einstellungsformeln integriert sind. Insbesondere im industriellen Bereich ermöglicht das technologische Szenario der Augmented Reality eine Vielzahl von Anwendungsmöglichkeiten.

Beispielsweise kann man am Beispiel eines Druckers erklären, wie man die Patrone durch eine animierte Simulation austauscht, oder man kann eine Industriemaschine mit detaillierten Erklärungen und Bedienungsanleitungen vorstellen, dank der Unterstützung von Inhalten, die in Echtzeit auf dem Bildschirm erscheinen und sowohl das Äußere als auch das Innere jeder Komponente zeigen. In Videos werden die Funktionsweise von Zahnrädern, Systemen, die Dynamik von Prozessen und Besonderheiten erklärt. Das Versorgungsunternehmen Hera beispielsweise nutzt AR für die Wartung von Anlagen. Mithilfe von Augmented-Reality-Lösungen können Unternehmen des verarbeitenden Gewerbes ungeplante Ausfallzeiten reduzieren und so die Betriebs- und Wartungskosten senken, die sich erheblich auf die Investitionsrentabilität auswirken, da Produktionsausfälle hinzugerechnet werden müssen.

Für ungeplante Ausfallzeiten können verschiedene Faktoren verantwortlich sein, z. B. Hardwareausfälle, das Fehlen eines Bedieners oder sogar das Fehlen einer geeigneten Fehlerdiagnose.

Nach Angaben von Digital Factories 2020 erwarten 98 % der Unternehmen eine Effizienzsteigerung durch digitale Technologien wie integrierte Manufacturing Execution Systeme (MES), vorausschauende Wartung oder Augmented-Reality-Lösungen, die die Zukunft der Fertigungsforschung prägen werden.

Augmented Reality im Zeichen von Industrie 4.0

Die Verbreitung von Augmented Reality im Industriesektor steht in engem Zusammenhang mit dem Paradigma der Industrie 4.0. Letztere sieht bekanntlich die Digitalisierung und Vernetzung aller in den Produktionsanlagen vorhandenen Maschinen vor, um die Kosten zu senken und die Zeit bis zur Markteinführung zu verkürzen. So können sich die Industrieunternehmen besser im globalen Wettbewerb behaupten.

Die Kontinuität der Arbeitszeiten spielt in modernen intelligenten Fabriken eine grundlegende Rolle, muss aber mit der Qualität der Produkte und der Arbeitsabläufe selbst einhergehen. Gerade hier kann Augmented Reality eine Schlüsselrolle bei der Innovation im sekundären Sektor spielen, indem sie eine bessere Ausbildung des Personals, eine wirksamere Qualitätskontrolle und eine radikal innovative Art der Gestaltung ermöglicht. So können verschiedene AR- und VR-Lösungen in der Vorproduktionsphase eine wichtige Rolle spielen und die Entwicklungszeit für neue Produkte und die damit verbundenen Kosten reduzieren. Die Möglichkeit, an einer virtuellen oder erweiterten Darstellung des Produkts selbst zu arbeiten, kann die Kommunikation und den Informationsaustausch innerhalb des Arbeitsteams verbessern und die zu frühe Herstellung eines echten Prototyps vermeiden. Am bekanntesten ist der Einsatz von AR-Technologien in der Industrie jedoch im Bereich der Montage und Produktion: Mit Technologien wie Smart Glasses, die dem Bediener die Hände frei lassen, können Tätigkeiten, insbesondere die komplexesten, wirksam unterstützt werden, indem Schritt für Schritt die richtigen Maßnahmen vorgeschlagen werden.

Augmented Reality Service und Schulung

Wie man sieht, hat die Industrie begonnen, Augmented Reality zu nutzen, und zwar aus verschiedenen Gründen. Zu den wichtigsten gehören Service und Schulung. In der Automobilbranche zum Beispiel nutzen einige Marken diese Technologie sowohl für die Fernunterstützung als auch für die Präsentation neuer Modelle. In Werkstätten für Mechanik kann die Kontrolle von Motorteilen oder elektrischen Systemen für alle Überwachungs- und Wartungsaktivitäten dank Augmented Reality gelöst werden, die detaillierte Informationen zu jedem Teil, an dem Kontrollen oder Eingriffe vorgenommen werden müssen, als Overlay bietet.

Diese Informationen können fixiert werden und erscheinen als Pop-up-Zeichen neben den erklärungsbedürftigen Bauteilen oder als Video-Tutorial, das über einen Overlay-Film einen Techniker zeigt, der die Eingriffe an der Maschine korrekt durchführt.

Gleiches gilt für Wartungstätigkeiten an Anlagen wie Heizkesseln, Sanitäranlagen, Elektro- oder Gasanlagen usw. Zur Unterstützung der Personalautomatisierung hilft ein Tablet oder ein Smartphone den Technikern bei ihrer Arbeit, indem es neuen Mitarbeitern die korrekten Verfahren erklärt oder den Bediener als virtueller Helpdesk bei sehr speziellen Anomalien außerhalb der Routinearbeit unterstützt.

Augmented Reality im Zeitalter von Smart Citys

Auch Museen und öffentliche Verwaltungen können Augmented Reality nutzen, um den Bürgern wichtige Informationen zu vermitteln. Mit AR als effektivem und technologischem Werkzeug der virtuellen Realität ist es möglich, Engagement und Unterhaltung durch neue emotionale Wege zu verbinden.

Im Idealfall passt die Technologie in das Internet der Dinge und hilft intelligenten Städten, mit den Bürgern durch eine Reihe von Objekten zu kommunizieren, die zum Sprechen gebracht werden.

Ziel ist es, eine Reihe von Berührungspunkten zu schaffen, die als Auslöser für die Aktivierung der Situation in der erweiterten Realität dienen. Auf diese Weise wird es möglich sein, eine Stadt zu besichtigen und zu wissen, was man sich ansieht und warum, ein öffentliches Büro oder ein Labor in einem komplexen Gebäude wie einem Krankenhaus oder einem Standesamt zu suchen, zu verstehen, wie man ein Formular ausfüllt, ohne die Felder falsch auszufüllen.

Im Museum wird die Reise des Besuchers durch die Verwendung eines Smartphones oder Tablets oder einfach durch eine Digital Signage-Lösung zu einer immersiven Erfahrung, die statische Exponate in fantasievolle Panoramen verwandelt. Der Nutzer wird in ein kontextuelles Szenario eingeführt, in dem sich zum Beispiel Tiere in 3D mit all ihrer Lebendigkeit materialisieren und durch thematische Gags interagieren.

Vor einigen Jahren hat National Geographic diese Technik im öffentlichen Raum eingesetzt: Bahnhöfe und Einkaufszentren wurden zum Schauplatz einer faszinierenden Show, in der Dinosaurier unter den Menschen spazierten und Eisbären mit ihren Jungen zahm zwischen den Beinen der Menschen hindurchgingen.

Wie Augmented Reality unser Leben verändert

Augmented Reality verändert unser tägliches Leben. Die Kommunikation über mehrere Kanäle durch den Einsatz von Augmented Reality ist daher ein interessanter Entwicklungspfad mit hohem Mehrwert, da die Qualität und Quantität der Daten, die die Interaktion unterstützen sollen, das Erlebnis bereichern, indem sie in einen idealen Kontext gestellt werden: wann und von wem sie benötigt werden.

Vor einigen Jahren setzte HP Augmented Reality ein, um das Einsetzen von Tintenpatronen in Drucker zu erklären: Von einem Handy oder Tablet aus wurde durch die Umrahmung des Druckers und der Patrone eine Animation gestartet, die Schritt für Schritt erklärte, welche Tür zu öffnen ist, wie die verbrauchte Patrone zu entfernen ist, wie der Schutz der neuen Patrone zu entfernen ist und wie sie mit dem richtigen Handgriff in das Fach einzusetzen ist.

Auch Intel hatte vor ein paar Jahren eine Produkteinführung mit Augmented Reality für die offizielle Präsentation durchgeführt. Der Demonstrator hielt auf der Bühne einen Laptop in der Hand, und auf dem großen Bildschirm hinter ihm konnte das Publikum die Informationen sehen, die in einer 3D-Animation die Funktionsweise des Prozessors in diesem Computer erklärten und auch die verborgenen Seiten des Systems zeigten.

Die grundlegende Frage ist nicht so sehr die Größe der Bildschirme (Großbildschirm, Tablet, Installation, Smartphone), um den Unterschied zu machen, sondern die Entwicklung eines integrierten Projekts, das die Vorteile der erweiterten Realität nutzt, um die Kommunikation zu verbessern, indem es die

Die Kommunikation wird durch die Nutzung von Augmented Reality verbessert, indem die Interaktion vereinfacht und vollständiger und ansprechender gestaltet wird, was die Aufmerksamkeit erhöht.

Heutzutage sind die Technologien sehr fortschrittlich. Es gibt sogar Lösungen, die es Ihnen ermöglichen, im Stil von PowerPoint Vorlagen anzupassen und durch Drag-and-Drop-Funktionalität Informationsbeiträge zu dem Objekt zu implementieren, das Sie in AR erzählen möchten.

Kapitel 4. Teil des Metaversums werden

Da wir nun die wichtigsten Konzepte des Metaverse besprochen haben, wollen wir nun erörtern, wie man Teil dieses neuen Phänomens werden kann. Für den Durchschnittsnutzer ist es so einfach wie das Aufsetzen eines Headsets und die Nutzung einer Internetverbindung.

Möglicherweise möchten Sie jedoch eine Karriere im Zusammenhang mit dem Metaverse anstreben oder ein Unternehmen gründen, um ein möglichst großes Stück vom Kuchen abzubekommen, bevor der Markt gesättigt ist.

Auch heute noch sind beide Ziele erreichbar, und wenn man bedenkt, dass das Metaverse die Zukunft beeinflussen wird, ist es jetzt an der Zeit zu planen.Wenn Sie im Metaverse arbeiten oder Ihr eigenes Unternehmen gründen wollen, haben Sie zwei Möglichkeiten: Sie können entweder bei der Schaffung von Infrastrukturen mitmachen, oder Sie können darauf aufbauen. Die Wahl hängt einzig und allein davon ab, was Sie spannender finden.

Der größte Vorteil der Arbeit in der Metaverse-Infrastruktur ist ihre Zuverlässigkeit. Zurzeit wird das Metaverse von Tech-Giganten aufgebaut, die eine kristallklare Vision für die absehbare Zukunft haben. Falls Sie sich dafür entscheiden, für sie zu arbeiten, werden Sie nicht nur an einer aufregenden neuen Technologie arbeiten, sondern Sie erhalten auch eine wettbewerbsfähige Vergütung und Sozialleistungen.

Darüber hinaus werden Sie während Ihrer Tätigkeit unschätzbare Erfahrungen und Kenntnisse sammeln, die Ihnen später bei der Gründung eines eigenen Unternehmens zugute kommen werden.

Lukrativer ist das Metaverse jedoch, wenn Sie ein Unternehmen gründen. Bis der Markt im Metaverse gesättigt ist, haben Sie die große Chance, als einer der ersten Unternehmer in das Metaverse einzusteigen. In diesem Kapitel befassen wir uns mit den Infrastruktur- und Marktaspekten des Metaverse im Hinblick auf Karriere- und Geschäftsmöglichkeiten. Zunächst wollen wir einige Möglichkeiten aufzeigen, wie Sie sich an der Entstehung des Metaverse beteiligen können.

Aufbau des Metaverse

Sie können sich auf unterschiedliche Weise an der Infrastruktur des Metaverse beteiligen. Der Aufbau des Metaverse wird aus Hardware, Software und Inhalten bestehen.

Hardware

Obwohl die Hardware einer der Bausteine des Metaverse ist, wird darüber am wenigsten gesprochen. Teil des Metaversums ist es, 3D-Umgebungen auf möglichst realistische Weise zu erleben. Angesichts der aktuellen Technologie benötigen wir externe Hardware, um uns dabei zu unterstützen. Virtual Reality-Brillen werden oft mit Oculus von Facebook in Verbindung gebracht. Dies ist eine Geschichte von inspirierendem Unternehmertum an und für sich.

Die Oculus-Brille wurde von Palmer Luckey entwickelt, als er gerade 15 Jahre alt war. Sie ist ein großartiges Beispiel dafür, wie aus einer Leidenschaft ein Milliardengeschäft werden kann. Aufgrund seiner Vorliebe für Konsolenspiele interessierte sich Luckey für die ersten Versionen von Virtual-Reality-Brillen. Die ersten Modelle wurden in den 1980er und 1990er Jahren eingeführt.

Zu dieser Zeit waren sie entweder zu teuer oder funktionierten überhaupt nicht, so dass sie alle als Geschäftsmodelle scheiterten. Deshalb begann Luckey, diese gescheiterten Produkte als Hobby zu sammeln.

Damals ahnte er noch nicht, dass sich sein Hobby zu einem tiefen Verständnis von Virtual-Reality-Brillen entwickeln würde. Er startete eine Kickstarter-Kampagne, um eine Virtual-Reality-Brille zu bauen.

Mit dieser Aktion wollte er Geld für Hardwareteile sammeln und etwa einhundert Virtual-Reality-Brillen herstellen. Das Ziel war bescheiden: 250.000 Dollar. Doch die Kickstarter-Kampagne brachte weit mehr als das ein. Innerhalb von 24 Stunden sammelte Luckey 680.000 Dollar. Nach nur drei Tagen überschritt diese Zahl die Millionengrenze und zog die Aufmerksamkeit von Spieleentwicklern wie John Carmack und Gabe Newell auf sich. 2014 wurden sie von Facebook für satte 2 Milliarden Dollar übernommen. Zuckerbergs Meta scheint damals schon zu kochen begonnen zu haben. Die Geschichte von Luckey lehrt uns eine wertvolle Lektion über Unternehmertum auf unerforschtem Terrain. In erster Linie spielt das Timing eine große Rolle.

Die Virtual-Reality-Brille war nicht Luckeys Erfindung. Die Brillen wurden bereits Jahrzehnte zuvor erfunden. Was sich allerdings änderte, war, dass Luckey die entsprechende Technik zur Verfügung hatte, um herauszufinden, was nicht funktioniert, und das zu entwickeln, was funktionieren würde. Außerdem ist es die Idee, die am meisten zählt, nicht unbedingt das Produkt selbst. Luckeys Vorliebe für virtuelle Realität führte ihn zum Erfolg, nicht sein Prototyp, den er auf Kickstarter stellte.

Letztendlich läuft die Gründung eines Hardware-Unternehmens rund um das Metaverse auf die erste Wirtschaftsvorlesung hinaus, die jeder Student hat: Angebot und Nachfrage. Man muss vorhersehen, welche Nachfrage besteht und wann sie entsteht. Ist der Markt bereit, müssen innovative Lösungen angeboten werden, die für die breite Bevölkerung erschwinglich sind. Denken Sie daran, dass Hardware das absolute Minimum ist, das ein Nutzer benötigt, um in das Metaverse eintreten zu können. Aus diesem Grund wird sie in der Lieferkette immer eine wichtige Rolle spielen, und Sie werden zahlreiche Chancen haben, sich einzubringen.

Software

Die Software ist das A und O der heutigen Welt. Ohne sie würde uns die Online-Welt nicht all die Möglichkeiten bieten, die sie uns bietet. Software-Entwicklung wird im Metaverse sowohl für Online- als auch für Offline-Anwendungen eine wichtige Rolle spielen. Sie haben die Möglichkeit, in der Softwarebranche zu arbeiten oder Ihr eigenes Softwareentwicklungsunternehmen zu gründen.

Das Gute an der Arbeit in der Softwarebranche ist, dass es bereits heute Arbeitsplätze für das Metaversum gibt. Unternehmen wie Facebook, Google, Apple und Snap stellen Softwareentwickler ein, um an ihrem Teil des Metaverse zu arbeiten. Falls Sie kein Fan von Jobs in Unternehmen sind, können Sie auch für neue Startups arbeiten, die im Metaverse entstehen.

Beispiele dafür sind Roblox, OpenSea, Decentraland, Niantic, The Sandbox und Solana. Die Nachfrage nach Softwareentwicklern auf allen Ebenen wird in der Branche immer groß sein.

Um Ihre Karriere auf das Metaverse auszurichten, sind einige Programmiersprachen besser geeignet als andere. Augmented Reality, Virtual Reality, Blockchain und Kryptowährungen erfordern alle unterschiedliche Programmiersprachen. Die Wahl hängt davon ab, für welchen Teil des Metaverse Sie sich interessieren und mit welcher Programmiersprache Sie sich am besten auskennen.

Nicht umsonst gibt es C# und C++ schon seit Jahrzehnten. Aufgrund ihres objektorientierten Charakters sind sie eine beliebte Wahl für die Spieleentwicklung.

Weltweit nutzen Millionen von Menschen 3D-Spiele-Engines wie Unity und Unreal, um Umgebungen zu erstellen. Auch JavaScript ist eine interessante Programmiersprache, die im Web 2.0 an Popularität gewonnen hat und dies auch im Web 3.0 tun wird. Falls Sie an der Entwicklung von Webanwendungen interessiert sind, ist JavaScript eine gute Wahl. Schließlich dürfen wir auch Python nicht vergessen, das jüngste Mitglied im Bunde. Die Open-Source-Codebasis und die Skripting-Fähigkeiten von Python sind ideal für die virtuelle Realität, weshalb sich Unternehmen wie Oculus für Python entscheiden. Auch wenn Sie nicht vorhaben, für ein anderes Unternehmen zu arbeiten, benötigen Sie diese Programmiersprachen für die Entwicklung Ihrer Software.

Wenn Sie vorhaben, Ihre Software auf der Grundlage von Metaverse-Konzepten zu entwickeln, sollten Sie sich am besten mit Gleichgesinnten zusammentun, denn Sie müssen schnell arbeiten und der Konkurrenz einen Schritt voraus sein. Machen Sie sich nicht zu viele Hoffnungen, mit den großen Namen konkurrieren zu können, denn diese werden ihre Forschungs- und Entwicklungsarbeit nie vollständig offen legen. Schließlich konkurrieren sie ja selbst mit großen Namen. Ihre Arbeit kann umsonst gewesen sein, wenn sie von heute auf morgen ein Produkt auf den Markt bringen, von dessen Existenz Sie nichts wussten. Orientieren Sie sich stattdessen an Angebot und Nachfrage. Auf welche Spezialgebiete wollen sich die großen Unternehmen nicht konzentrieren? Richten Sie Ihr Unternehmen auf diese Nischenbereiche aus.

3D

Sämtliche Aspekte für den Aufbau des Metaverse, über die wir sprechen, sind wichtig. Das eigentliche Fundament ist jedoch die dreidimensionale Darstellung. Dies hat einen ganz einfachen Grund: Wir nehmen alles dreidimensional wahr. Wenn wir in Carl Sagans Flachland leben würden, wäre das eine andere Geschichte. Da das menschliche Gehirn die Welt in drei Dimensionen wahrnimmt, muss die virtuelle Realität entsprechend aufgebaut sein. Auch wenn es eine andere Form der Realität gäbe, könnten wir sie nicht wahrnehmen, so dass die Nutzer keinen großen Nutzen daraus ziehen könnten.

Die Popularität von 3D geht dem Metaverse voraus. Die Lara Crofts mit ihren niedrigen Polygonen gehört jedoch der Vergangenheit an. Mit der Verbesserung der Computerleistung entwickelt sich auch die 3D-Technologie weiter. Ein fantastisches Beispiel dafür ist die Raytracing-Technologie von NVIDIA. Diese Technologie steht kurz davor, realitätsnahe Umgebungen zu schaffen, sofern sie es nicht schon sind.

Metaverse-Unternehmen können am meisten vom 3D-Aspekt der Technologie profitieren. Da 3D jedoch eine zuverlässige und vorhersehbare Technologie ist, wird es einen harten Wettbewerb geben. Warten Sie nicht darauf, dass die Content Mills den Markt übernehmen, bevor Sie die Vorteile von 3D nutzen können. Beginnen Sie so bald wie möglich mit der Einrichtung eines Studios oder eines freiberuflichen Dienstes und nutzen Sie die sozialen Medien, um ein Netzwerk aufzubauen und Ihre Popularität zu steigern.

Der Schlüssel zum Erfolg als Content-Creator ist die Wahl einer Nische. Bei der Gestaltung von 3D-Umgebungen haben Sie viele verschiedene Möglichkeiten.

Authentische Designs eignen sich gut für Architektur, Unternehmenssimulationen und die Entwicklung von Hardcore-Spielen. Cartoon-ähnliche Designs hingegen eignen sich gut für frühe Metaversen und die Entwicklung von Gelegenheitsspielen. Beide Seiten haben ihre Vor- und Nachteile, also wählen Sie einfach den Stil, der Ihren Interessen und Ihrem Talent entspricht.

Danach können Sie sich für eine Nische entscheiden. Diese Nische könnte von der Entwicklung von Gelegenheitsspielen bis hin zur militärischen Ausbildung reichen. Machen Sie weiterhin das, was Ihnen Spaß macht. Das wird Ihnen helfen, motiviert zu bleiben.

Falls Sie an Ihre Grenzen gehen wollen, können Sie sich auch mit dem Software-Aspekt von 3D beschäftigen. Ein 3D-Artist braucht Software wie Maya, um seine Arbeit zu erstellen und zu rendern. In den vergangenen zehn Jahren gab es einige 3D-Modellierungsprogramme wie Blender, mit denen jeder 3D-Modelle erstellen kann, ohne ein Künstler zu sein. Inzwischen sind beide zum Industriestandard geworden. Die Chance, dass ein Programm, das die Metaverse-APIs direkt importiert, sich als wertvoll erweisen wird, ist sehr groß, weil sie sich am ehesten als Industriestandard durchsetzen werden.

Community Management

Im Gegensatz zur Software- oder Hardware-Entwicklung mag das Community-Management unbedeutend erscheinen, doch das ist zu kurz gedacht. Gute Community-Manager werden zu einem der wichtigsten Bestandteile des Metaverse. Um das zu verstehen, müssen wir nur einen Blick auf die Forumskultur des Web 2.0 werfen.

Als Foren das Web eroberten, waren sie der letzte Schrei. Zum ersten Mal konnten Menschen aus der ganzen Welt ihre Gedanken austauschen.

Am wichtigsten war jedoch, dass sie dies zum ersten Mal sofort tun konnten. Damit war der Weg zur Informationsfreiheit geebnet. Allerdings gab es auf dem Weg dorthin auch einige harte Lektionen. Leider mussten wir diese Lektionen erst lernen, nachdem Verbrechen im wirklichen Leben unter Ausnutzung der Anonymität des Internets begangen worden waren.

Moderatoren und Administratoren wurden zu diesem Zeitpunkt zum ersten Mal eingesetzt. Sie wurden aus den Benutzern ausgewählt, die viel Zeit im Forum verbrachten und sich in ihrer Freizeit engagieren wollten. Dadurch wurde das Konzept des "Vetting" ins Internet gebracht. Die Aufgabe eines Moderators bestand im Wesentlichen darin, sofort auf die Beiträge der Benutzer zu reagieren. Darüber hinaus konnte er die persönlichen Nachrichten eines Benutzers überwachen. Mit der Zeit entwickelten die verschiedenen Online-Gemeinschaften unterschiedliche Richtlinien. Zwar entschieden sich einige für völlige Freiheit, doch die meisten untersagten Hassreden ausdrücklich. Allerdings ist es immer eine heikle Situation, wenn ein Streit im Internet auf das wirkliche Leben übergreift. Es gab viele Debatten darüber, ob ein online begangenes Verbrechen vor Gericht verfolgt werden kann.

Die Behörden waren darauf nicht vorbereitet. Dies führte zu Internet-Regelungen, die auch heute noch undurchsichtig sind. Fragen Sie doch einfach Facebook-Chef Mark Zuckerberg, der vor dem House Financial Services Committee erklären musste, wie soziale Medien funktionieren.

Es gibt mehrere Möglichkeiten, in diesen Bereich des Metaverse einzusteigen. Wenn Sie eine juristische Karriere anstreben, können Sie die juristische Seite des Metaversums in Betracht ziehen. Eine Karriere in einem Unternehmen ist eine Option, da die großen Tech-Unternehmen bereit sind, viel Geld für Anwälte zu zahlen, die wissen, wovon sie reden. Eine weitere Möglichkeit ist die Arbeit für NGOs und Lobbyisten.

Sollte die Juristerei nicht Ihr Traumberuf sein, ziehen Sie die Softwarebranche in Betracht. Bei über einer Milliarde Konten haben Unternehmen wie Facebook nicht die Möglichkeit, Moderatoren einzustellen, auch wenn sie das ebenfalls tun. Ihr eigentliches Ziel ist es, künstliche Intelligenz zu entwickeln, die diese Aufgabe für sie übernimmt. Das Community-Management ist somit ein Bereich, der Sie nicht enttäuscht, wenn Sie an der Entwicklung künstlicher Intelligenz interessiert sind. Die Möglichkeiten sind auch nicht auf große Unternehmen beschränkt. Wenn Sie künstliche Intelligenz mit Beratungsmöglichkeiten für kleine und mittlere Unternehmen kombinieren, können Sie ein großartiges Unternehmen schaffen.

Finanzen

Ein weiterer Bereich, der berücksichtigt werden muss, ist der Bereich Finanzen. Das Beste daran ist, dass fast jeder zu diesem Aspekt des Metaverse etwas beitragen kann. Voraussetzung ist lediglich eine Leidenschaft für das Metaverse, Aufgeschlossenheit und finanzielle Kenntnisse, die man sich selbst aneignen kann.

Diese Fähigkeiten zu erlernen, wird zu wunderbaren Möglichkeiten führen. Wie bereits im vorigen Kapitel erwähnt, sind die Volkswirtschaften des Metaverse aufgrund ihrer dezentralen Natur anfällig für Schwankungen.

Dieser Umstand bringt zwei Geschäftsmöglichkeiten mit sich. Zum einen kann man an einer privaten Blockchain arbeiten, um eine weniger volatile Kryptowährung zu schaffen. Das ist keine leichte Aufgabe, aber wenn man das richtige Team zusammenstellt und die richtige Vision hat, ist es durchaus machbar. Vergessen Sie nicht, dass Forschung und Entwicklung erhebliche Zeit- und Geldinvestitionen erfordern und lange dauern können. Auf der anderen Seite wäre eine Methode, die der Volatilität der virtuellen Wirtschaft eine gewisse Stabilität verleiht, ein echter Wendepunkt.

Der zweite und schnellere Weg wäre, Finanzberater zu werden. Dafür sollten Sie eine Hochschulausbildung in Betracht ziehen. Diese ist jedoch nicht zwingend erforderlich, es sei denn, Sie haben vor, auf offiziellem Wege zu arbeiten.

Die Erstellung wertvoller Prognosen in einer unbeständigen Wirtschaft ist sowohl für persönliche Investitionen als auch für die Portfolioverwaltung von entscheidender Bedeutung. Zudem sind Kryptowährungen nach wie vor umstritten, und einige Leute sind so weit gegangen, sie als Glücksspiel zu bezeichnen. Die Wirtschaft des Metaverse ist immer noch ein Novum, mit dem die Nutzer unglaubliche Gewinne erzielen können.

Doch je mehr Metaversen entstehen, desto mehr werden sie Dienstleistungen benötigen, um ihre Wirtschaft stabiler zu machen. Darüber hinaus werden die Regierungen sie regulieren wollen, um die Einhaltung der Steuervorschriften zu gewährleisten.

Aus diesem Grund müssen Sie nicht den traditionellen Weg der Finanzwelt einschlagen. Sie können stattdessen einen softwarebasierten Ansatz wählen. Wenn Sie sich mit Blockchains gut auskennen, können Sie eine breite Palette von Dienstleistungen anbieten, um den neuen Anforderungen gerecht zu werden, die eine neue Wirtschaft mit sich bringen wird.

Neben der Erstellung individueller Blockchains können Sie auch innovative intelligente Verträge entwickeln. Sie können Vorlagen für Nutzervereinbarungen und Datenschutzrichtlinien anpassen, die für das Web 3.0 unerlässlich sind.

Zu guter Letzt können Sie Märkte schaffen. Die Schaffung und Verwaltung einer Kryptowährung ist eine Teamleistung. Die Herstellung von Altcoins ist jedoch nicht so schwierig.

Allerdings erfordert dieses Geschäft eine große Außenwirkung. Schätzungen zufolge gibt es zu Beginn des Jahres 2022 etwas mehr als 5.000 Altcoins. In Kryptowährungs-Kreisen werden diese Münzen als "Shitcoins" bezeichnet, weil sie nicht richtig funktionieren und keinen Wert haben. Aber das muss nicht der Fall sein. Erinnern Sie sich an Dogecoin? Als Elon Musk sich dafür interessierte, hat er eine Menge Millionäre geschaffen.

Es ist zwar nicht immer möglich, Elon Musk für Ihre PR-Kampagne an Bord zu holen, doch aus dieser Erfahrung können wir etwas lernen. Es kann durchaus funktionieren, wenn Ihr Altcoin einen Zweck erfüllt und sich in den richtigen Kreisen einen Namen macht.

Eintritt in das Metaverse

Die Entwicklung eines Metaverse ist vielleicht nicht unbedingt Ihr Ding, doch Sie können auf dem aufbauen, was bereits entwickelt wurde. Nachstehend finden Sie einige Ideen, die bestimmte Branchen verändern und zu neuen Beschäftigungs- und Geschäftsmöglichkeiten führen werden.

Veranstaltungsplanung

Virtual Reality wird die Art und Weise, wie Veranstaltungen organisiert werden, revolutionieren. Als eines der ersten Studios, das diesen Service anbietet, können Sie virtuelle Veranstaltungen anbieten. Dabei kann es sich um Veranstaltungen von Konzerten bis hin zu Seminaren handeln. Für den Erfolg Ihres virtuellen Eventplanungsunternehmens müssen Sie drei Dinge tun: planen, vermarkten und sicherstellen, dass die Software reibungslos funktioniert.

Sie können entweder mit Eventplanungsunternehmen zusammenarbeiten oder Ihr eigenes Unternehmen gründen, indem Sie sich mit anderen Kreativen zusammentun.

Das hängt von der Art der Veranstaltung ab, die Sie planen. Für private Partys, Seminare und Konzerte können Sie wahrscheinlich einen Virtual Reality Builder verwenden. Sie brauchen jedoch einige Programmierkenntnisse, wenn Sie Ihre Veranstaltungen auf ein höheres Level bringen wollen. Denken Sie an das berühmte Holodeck aus Star Trek. Auf dem Raumschiff Enterprise ist das Holodeck der Lieblingsteil von allen. Kein Wunder. Es ist eine leere 3D-Umgebung, in der Sie jedes beliebige Programm ausführen können. Sie können in die Rolle von Sherlock Holmes schlüpfen, in der Zeit reisen, um mit Einstein über Mathematik zu diskutieren, und verschiedene Planeten besuchen. Sie können Ihrer Fantasie freien Lauf lassen.

Wenn Sie auf der Suche nach dieser Art von maßgeschneiderter Veranstaltungsplanung sind, brauchen Sie eine gute Software, die Ihnen den Rücken freihält. Gerade aus diesem Grund suchen Giganten wie Google Entwickler, die an ihren Augmented-Reality-Projekten arbeiten. Augmented Reality wird die Zukunft der Veranstaltungsplanung im Web 3.0 sein.

Beratung

Als Berater ist man perfekt aufgehoben, wenn man ein tiefes Verständnis für das Metaverse hat. Die Beratungsbranche hat sich im digitalen Zeitalter auf interessante Weise entwickelt. Als das Web 1.0 aufkam, ahnten die Branchengrößen noch nicht, wie wichtig es werden würde. Fragen Sie nur Yahoo, das 5,7 Milliarden Dollar ausgeben musste, um die Rundfunk-Website von Marc Cuban zu erwerben.

Mit einem kompetenten Berater an ihrer Seite hätten sie es sicherlich besser machen können.

Wenn Sie daran interessiert sind, als Berater für das Metaverse tätig zu werden, sollten Sie sich jetzt vorbereiten. Bleiben Sie auf dem Laufenden und lernen Sie, wie man Daten analysiert, falls Sie das noch nicht getan haben. Vernetzen Sie sich so gut Sie können und arbeiten Sie an Ihren Verkaufsgesprächen. Versetzen Sie sich in die Rolle eines Metaverse-Beraters, indem Sie bloggen, in den sozialen Medien oder als Gastautor auftreten.

Derzeit sind viele Unternehmer wegen des Web 3.0 nervös. Die Fehler des Web 2.0 wollen sie nicht wiederholen. Dabei können Sie einen großen Unterschied für Unternehmen machen. Es ist nicht nötig, auf die breite Einführung von virtuellen Welten und Blockchains zu warten.

Die Nutzung von intelligenten Verträgen, Kryptowährungen, NFTs und virtuellem Land ist bereits verfügbar und kann in jedes Unternehmen integriert werden.

Gründen Sie eine NFT-Agentur für Künstler, die ihre digitalen Copyrights schützen lassen wollen. Stellen Sie erschwingliche Smart-Contract-Programmierdienste zur Verfügung. Kontaktieren Sie Investment-Netzwerke und bieten Sie an, als Bindeglied zwischen ihnen und Metaverse-Start-ups zu fungieren. Veranstalten Sie Seminare über Investitionen in Kryptowährungen. Der Schlüssel liegt darin, etwas zu finden, das Ihnen Spaß macht, das Sie verstehen und an das Sie glauben, was das Metaverse betrifft. Die Geschäftsideen werden folgen.

Kapitel 5. Metaverse Avatare

Wenn man über das Metaverse als eine einzige digitale Welt spricht, muss man auch darüber nachdenken, wie man sich mit seinem Avatar ausdrücken kann. Als NFT können Sie CryptoAvatars verwenden, um eine vollständig angepasste 3D-Figur zu erstellen, die Sie innerhalb des Metaverse repräsentiert. Doch bevor wir auf die technischen Details eingehen, sollten wir uns ansehen, warum diese Idee so wichtig ist.

Im Metaverse sind unsere Kryptowährungs-Wallets bereits bis zu einem gewissen Grad ein datengesteuertes Abbild von uns.

Sie zeigen an, wie viel Geld wir haben, welche DeFi DApps wir benutzt haben, welche Spiele wir mögen und woher wir unsere NFTs-Kunst beziehen. In gewisser Weise dienen Wallets als Zugang zur Privatsphäre eines Menschen.

Web-Domains wie .crypto von Unstoppable Domains sind eine Methode, um Ihre Wallet durch irgendetwas zu identifizieren, das wie ein Benutzername klingt. CryptoAvatars und Genies gehören zu den Organisationen, die es Ihnen ermöglichen, Ihre virtuellen Avatare zu erstellen.

Mit diesen Projekten haben Sie die Möglichkeit, eine visuelle Darstellung von sich selbst zu erstellen, die mit Ihnen identisch oder völlig anders sein kann.

Die visuelle Darstellung muss Ihnen nicht unbedingt ähneln. Im Bereich der nicht fungiblen Token haben wir bereits gesehen, wie Einzelpersonen Avastars als Repräsentation verwenden. Insbesondere WhaleShark ist noch einen Schritt weiter gegangen und hat seine am meisten geschätzte Avastars-Figur als visuelles Overlay während Live-Interviews präsentiert.

Mit diesen Avataren können Sie sich als eine bestimmte Person im Metaverse, im Internet, identifizieren, ohne Ihre wahre Identität preiszugeben. Wollen Sie Ihre Identität ändern? Dann wechseln Sie Ihre Wallet, wodurch sich Ihr Avatar und damit Ihre Identität ändert.

CryptoAvatars

Hierbei handelt es sich um ein Netzwerk, in dem Künstler ihre Avatare veröffentlichen und sie in verschiedenen Virtual-Reality-Chat-, Webaverse- und Somnium-Space-Apps bereitstellen können. Lassen Sie uns einen Blick darauf werfen, wie wir die CryptoAvatars-Plattform nutzen können, um die eigenen 3D-Charakterdesigns hochzuladen.

Technische Anforderungen

Wenn Sie Ihren Avatar erstellt haben, überprüfen Sie, ob er gewisse Kriterien erfüllt. Für die Verwendung von Avataren im Virtual-Reality-Chat sind insgesamt 7.500 Dreiecke erforderlich. Stellen Sie sicher, dass Ihr Avatar wie ein Humanoid geformt ist (zwei Arme, zwei Beine, ein Körper und ein Kopf) und mit Mixamo, einer 3D-Computergrafiksoftware, funktioniert. Dieses Programm kann jeder, der eine Adobe-Lizenz besitzt, kostenlos nutzen. Wenn Sie den Avataren Gesichtsbewegungen hinzufügen möchten, müssen Sie Mischformen verwenden. Die Größe der VRM-Datei sollte nicht mehr als 25 MB betragen.

- Beginnen Sie mit der Erstellung einer FBX-Datei.
- Erstellen Sie eine 3D-Figur in Blender. Kontrollieren Sie die Arme, Beine, den Körper und den Kopf. Auf YouTube gibt es eine Menge Anleitungen für die Erstellung von Figuren. Nehmen Sie sich aber Zeit, dies zu lernen! Der Aufwand wird sich lohnen. Wir gehen vorerst davon aus, dass Sie bereits etwas Fantastisches geschaffen haben!

- Wenn Sie aus Blender exportieren, vergewissern Sie sich, dass das Rig, das Mesh und die Blend Shapes alle enthalten sind. Beachten Sie, dass die Gesamtzahl der Dreiecke auf 7.500 begrenzt ist.
- Wählen Sie "Datei" > "Auswahl exportieren" > "Als FBX-Format exportieren" (stellen Sie sicher, dass "Animation" und "Verformte Modelle" ausgewählt wurden, wählen Sie "Zentimeter" als Einheit und verwenden Sie das FBX-Dateiformat: FBX 2013).
- FBX in Unity importieren. Überprüfen Sie, ob Unity auf Ihrem Computer installiert ist. Verwenden Sie Unity Version 2019.3.9f1, um ein neues Projekt zu erstellen.
- VRM.dev ist der Ort, an dem Sie das VRM Software Development Kit erhalten können. Achten Sie darauf, dass Sie das Unity-Paket kaufen! Nachdem du den Download beendet hast, klicke und ziehe es in Unity. Nach Abschluss der Installation gibt es einen VRM-Ordner und einen VRM-Menüpunkt im Werkzeugmenü oben.
- Ordner in Unity erstellen und den FBX-Avatar in diesen Ordner ziehen. Importieren Sie auch die Texturdateien und stellen Sie sicher, dass sie auf den Modus "Normal Map" eingestellt sind.
- Ziehen Sie die Texturen in das Feld Main Maps "Albedo", indem Sie mit der rechten Maustaste auf Erstellen > Material > klicken.
- Jetzt können Sie den Avatar bewegen. Wählen Sie Rig und Humanoid als Animationstyp aus dem Dropdown-Menü, sobald Sie auf die Mesh-Datei klicken. Wählen Sie

"Anwenden" und "Szene speichern", und nun ist es an der Zeit, die Feinabstimmung Ihres Rig vorzunehmen.

- Die Bänder der Figur müssen in diesem Fall der richtigen Bezeichnung entsprechen. Der linke Oberschenkel muss vom rechten Oberschenkel unterschieden werden. Falls Sie sich nicht sicher sind, gehen Sie zu Pose und dann Force T-Pose.
- Wenn Sie fertig sind, wählen Sie Mesh im Scene Menu, dann gehen Sie zu der VRM-Menüoption oben, wählen UniVRM aus dem Dropdown-Menü und klicken dann auf Export Humanoid.
- Geben Sie Ihre Informationen ein und wählen Sie dann Force T-Pose, Pose Freeze und Use Experimental Export. Anschließend speichern Sie die Datei im gleichen Ordner wie den Rest Ihrer Avatar-Dateien. Im Projektbereich werden nun neue Ordner angezeigt.
- Entfernen Sie das Mesh aus dem Menü Scene und ersetzen Sie es durch das Pre-fab in der Scene. Es besitzt sofort eine T-Pose.
- Wählen Sie erneut Mesh > VRM > UniVRM > Export Humanoid. Force T-Pose, Pose Freeze und Use Experimental Export sollten zu diesem Zeitpunkt alle deaktiviert sein. Anschließend exportieren Sie.
- Sie haben nun eine VRM-Datei erstellt. Beachten Sie, dass dieser Avatar noch nicht vollständig mit Virtual Reality Chat kompatibel ist.

Verbinden mit CryptoAvatars

Wenn Sie Ihren Avatar entworfen haben, können Sie nun Ihre Aufnahme in das Metaverse beantragen:

- Benutzen Sie das Vorantragsformular, um sich anzumelden. Vor der Aufnahme eines Erstellers in den Raum muss das Team mindestens ein Beispiel für einen Avatar in Aktion sehen.
- Auf Discord bieten die Entwickler von CryptoAvatars, Polygonal Mind, ein spezielles Forum für Schöpfer an. Wenn Sie mit ihnen kommunizieren möchten, treten Sie einfach ihrem Discord-Server bei.
- Sie stellen Ihnen einen einfachen Leitfaden zur Verfügung, falls Sie mit der Erstellung eines nicht fungiblen Tokens oder Avatars im Blockchain-Netzwerk nicht vertraut sind. Der Leitfaden umfasst einen Blockchain-Wissensleitfaden, ein Metamask-Tutorial, einen Leitfaden zum Einrichten eines Kontos und zum Hochladen des Avatars in den Raum, einen technischen Leitfaden für Avatare sowie internes Material von Polygonal Mind zu Avataren.
- Polygonal Mind lädt Ersteller dazu ein, Zeichnungen und 3D-Modelle ihrer Avatare beizusteuern. Polygonal Mind stellt sicher, dass alle Avatare den technischen Spezifikationen für den Metaverse-Avatar-Standard entsprechen.
- Polygonal Mind prüft, inwieweit der Avatar in die Virtual-Reality-Umgebungen passt, sobald der Charakter fertiggestellt ist.

- Nachdem der Avatar angenommen wurde, muss der Ersteller seinem personalisierten Charakter einen Namen, eine Beschreibung, Tags und ein 1030×1440 px großes Bild mit seinem Avatar geben. Denken Sie bitte daran, dass die Miniaturansicht die Ränder abschneiden wird.
- Der Ersteller kann den Avatar behalten, übertragen oder verschicken, nachdem er ihn erstellt hat.
- Da CryptoAvatars den Ersteller auf die Whitelist gesetzt hat, kann dieser nun neue Avatare entwickeln und auf der Website veröffentlichen.
- Sie können Ihre Metamask-Wallet verwenden, um sich bei cryptoavatars.io anzumelden. Erstellen Sie einen neuen Avatar, indem Sie auf die Schaltfläche "Neuen Avatar erstellen" klicken. CryptoAvatars wird einen maßgeschneiderten Standardrahmen für Ihren Avatar erstellen. Geben Sie außerdem einen Namen, eine Zusammenfassung und maximal 10 Tags an. Die VRM-Datei sollte weniger als 25 MB groß sein.

Die Erstellung eines Metaverse-Avatars ist mit viel Zeitaufwand verbunden. Doch dieser Charakter verkörpert Sie. Es handelt sich nicht nur um ein Spielbild, das Sie ein paar Stunden lang spielen, sondern um Ihre ganz eigene virtuelle Darstellung in einer Reihe von virtuellen Umgebungen.

Es lohnt sich sehr, einen eigenen Avatar im Metaverse zu haben. Wenn Sie diese Anleitung befolgen und mit CryptoAvatars zusammenarbeiten, können Sie sicher sein, dass Ihr Design einem einheitlichen Standard für die Entwicklung von Avataren entspricht.

Mit diesen Avataren sind virtuelle Umgebungen, bestimmte Chatsysteme, einige Spiele und (hoffentlich) auch die Zukunft kompatibel.

Microsoft Launch Avatars

Nur einige Tage, nachdem Facebook in Meta umbenannt wurde, um virtuelle Orte für Nutzer und Marken zu schaffen, hat sich auch Microsoft dem Kampf angeschlossen, um ein Metaverse innerhalb von Teams aufzubauen. Das Unternehmen plant die Integration von Mesh, einer Kollaborationsplattform für virtuelle Erlebnisse, in Microsoft Teams. Die Integration ist Teil eines größeren Vorstoßes des Unternehmens, seine MR- und HoloLens-Arbeit mit Konferenzen und Videokonferenzen zu verbinden, an denen jeder dank Cartoon-Avataren teilnehmen kann.

Angesichts der heutigen Ankündigung scheinen Microsoft und Meta im Metaverse auf Kriegsfuß zu stehen, vor allem was die Zukunft der Zusammenarbeit am Arbeitsplatz angeht.

Microsoft Mesh scheint schon lange der Weg der Zukunft für Microsoft Teams-Konferenzen zu sein, der nun langsam Gestalt annimmt.

Nachdem die Mitarbeiter monatelang von zu Hause aus gearbeitet und sich an die neue Arbeitsumgebung gewöhnt haben, möchte Microsoft mit Initiativen wie dem Together-Modus und anderen Alternativen die Meetings partizipativer gestalten.

Mit Teams werden Marken in der Lage sein, ihre eigenen virtuellen Umgebungen oder Metaversen zu schaffen. Das Unternehmen Accenture hat dies bereits erprobt, nachdem es vor dem COVID-Ausbruch einen virtuellen Campus für seine Mitarbeiter eingerichtet hatte. Während des COVID-Ausbruchs hat das Unternehmen diese virtuelle Umgebung genutzt, um neue Mitarbeiter einzuarbeiten, was sich als sehr nützlich erwies.

Nur wenige Tage nachdem Facebook seinen Namen in Meta geändert hat, strebt Microsoft ein Metaverse innerhalb von Teams an. Meta setzt auf Technologien, die mit denen von Microsoft identisch sind, wie z. B. einen digitalen Avatar, der Sie in virtuellen Welten verkörpert. Im Metaverse-Zeitalter werden Microsoft und Meta zweifelsohne in einen harten Wettbewerb treten. Microsoft hat mit seinem HoloLens-Projekt und der Übernahme von AltspaceVR viel Zeit in diesen Bereich investiert. Doch Microsoft und Meta sind nicht die Einzigen. Zahlreiche große Technologieunternehmen setzen auf Plattformen wie Spatial, um virtuelle Orte für Veranstaltungen, Meetings und die Zusammenarbeit bei der Arbeit bereitzustellen.

Microsoft hat viele tägliche Teams-Nutzer und die Integration in Office, um das Metaverse für Unternehmen Realität werden zu lassen. Demgegenüber verfügt Meta über Milliarden von Nutzern auf Facebook und Instagram, die es für seine Metaverse-Ziele nutzen kann. Der Kampf um die digitalen Avatare im Metaverse hat gerade erst begonnen.

Kapitel 6. Investitionen in NFTs im Metaversum

Warum sind NFTs für den Zugang zum Metaverse so wichtig?

- Das Metaverse bietet eine faire und offene Marktwirtschaft, die durch die Blockchain unterstützt wird.
- Die Play-to-Earn-Gaming-Wirtschaft wird die Spieler von Blockchain-Spielen durch NFTs unterstützen.
- NFTs sind die Brücke zum Metaverse und ermöglichen identitätsbezogene, gesellschaftliche Erfahrungen im Metaverse.
- Nutzer können im Spiel Token sammeln, um loszulegen.

NFTs läuten mit ihren schnell wachsenden Anwendungsmöglichkeiten eine neue Ära der digitalen Welt ein - das Metaverse. Facebooks Einführung von Meta, die den Übergang zu einer Metaverse-Ära signalisiert, in der NFT-basierte erweiterte Erfahrungen wahrscheinlich als Grundpfeiler für soziale Netzwerke der nächsten Generation fungieren werden, ist das beste Beispiel für das Aufkommen von Metaversen auf der Weltbühne.

NFTs und das Metaverse sind bereits jetzt miteinander verflochten, insbesondere im Blockchain-Gaming und anderen interoperablen Spielen, wo sie als Wertträger für digitale soziale Medien im großen Stil dienen. NFT-Gaming ist beliebt, auch wenn es ein relativ neues Konzept ist, wie das Initial Game Offering (IGO) von Binance NFT beweist.

Diese neue Spielsparte hat ein so positives Feedback von Spielern und Krypto-Konsumenten erhalten, dass das Handelsvolumen in nur zwei Wochen bereits 16 Millionen Dollar überstiegen hat, wobei alle NFT-Kollektionen von IGO ausverkauft sind.

Bei einem Metaverse handelt es sich um ein digitales Ökosystem, das auf der Blockchain-Technologie basiert. Visuelle Komponenten werden durch Technologien wie VR und AR bereitgestellt, während dezentrale Medien endloses soziales Engagement und Geschäftsaussichten ermöglichen. Solche Umgebungen sind skalierbar, interoperabel und anpassungsfähig. Zudem kombinieren sie neuartige Technologien und Interaktionsmodelle zwischen ihren Mitgliedern sowohl auf individueller als auch auf organisatorischer Ebene.

Kommunikation, Geld, Spielwelten, persönliche Profile, NFTs und andere Abläufe und Elemente sind alle Teil des Metaverses, das ein digitales 3D-Universum ist. Das Potenzial des Metaversums liegt in der Freiheit, die es bietet: Jeder kann im Metaversum NFTs bauen, kaufen und ansehen, um virtuelles Land anzuhäufen, sozialen Gemeinschaften beizutreten, virtuelle Identitäten zu konstruieren und Spiele zu spielen, um nur einige Beispiele zu nennen. Diese Vielfalt an Anwendungsfällen eröffnet viele Möglichkeiten für die Monetarisierung realer und digitaler Güter, wobei Unternehmen und Einzelpersonen gleichermaßen in der Lage sind, sich in Metaverse-Frameworks zu integrieren.

Welchen Einfluss werden NFTs auf das Metaverse haben?

Im Metaverse können NFTs das traditionelle Muster sozialer Netzwerke für Benutzerkontakte, soziale Kontakte und Transaktionen durchbrechen. Erfahren Sie, welche Auswirkungen NFTs in der digitalen Welt haben können.

Eine offene und faire Marktwirtschaft

Nutzer und Unternehmen können nunmehr Vermögenswerte und Dienstleistungen aus der realen Welt in das Metaverse, einer dezentralen virtuellen Umgebung, übertragen. Die Nutzung neuartiger Spielmodelle mit interoperablen Blockchain-Spielen ist eine Methode, um mehr reale Vermögenswerte in das Metaverse zu bringen.

Dazu gehört das Play-to-Earn-Gaming-Konzept, das die Spieler von Blockchain-Spielen einbindet und unterstützt. Spieler können im Metaverse an der Wirtschaft im Spiel teilnehmen und erhalten Anreize für den Wert, den sie anbieten, indem sie sich auf NFTs stützen.

Im Grunde verdienen sie, während sie spielen. Spiele im Metaverse sind auch deshalb fair, weil die Teilnehmer das vollständige Eigentum an ihren Vermögenswerten behalten und nicht, wie bei den meisten herkömmlichen Spielen, eine einzige Spielinstanz.

Angenommen, Sie sind daran interessiert, an diesen Finanzwirtschaften im Spiel teilzunehmen. Für diesen Fall bieten die IGO-Starts von Binance NFT eine Auswahl an spielinternen Vermögenswerten aus Spielprojekten, die die Spieler sammeln und in verschiedene Spielumgebungen integrieren können.

Derartige In-Game-NFTs sind sehr gefragt, wie die IGO-Debüts zeigen, bei denen alle NFTs bereits am ersten Tag ausverkauft waren. Axie Infinite (AXS), My Neighbor Alice (Alice) und viele andere sind Beispiele für erfolgreiche Play-to-Earn-Spiele.

Was ist Ihre Finanzstrategie für das Metaverse?

Dieses Jahr war dieses Wort in aller Munde. Das Facebook seinen Namen in Meta geändert hat, wurde mit Skepsis oder sogar Verachtung aufgenommen. NFT (kurz für non-fungible token) wurde vom Collins Dictionary zum Wort des Jahres ernannt, und solche Token sind ein wichtiger Aspekt des expandierenden virtuellen Universums. Noch bevor diese Version der Zukunft eintrat, schienen alle, von Spielern über Entwickler bis hin zu Diplomaten, darauf erpicht, das Metaverse zu betreten.

Sollte man einen Finanzplan für das Metaverse erstellen, wenn dies die Zukunft ist? Berater, die Ihnen dazu raten, 1,5 Millionen Dollar für ein paar digitale Grundstücke auszugeben, werden nur selten zu finden sein. Zudem ist noch unklar, wie oder ob das Metaverse überhaupt Gestalt annehmen wird.

Da wir uns dem Ende dieses Jahres des Metawahns nähern, ist es eine gute Idee, zumindest eine Vorstellung davon zu haben, wie sich diese neuen Arten zu arbeiten, zu spielen und zu investieren auf Ihre Finanzen auswirken können. Sonst wissen Sie, was Sie sagen müssen, wenn sich jemand in Ihrer Familie um die Feiertage fragt: "Was ist das Metaverse eigentlich?".

Wer wird das Metaverse kontrollieren?

Welche Unternehmen werden die Fäden in dem Bereich ziehen, der als die nächste Generation des Internets bezeichnet wird, nachdem Facebook nun auf Meta umbenannt wurde? Fünf Experten für digitales Marketing debattieren darüber, ob die Dezentralisierung erfolgreich sein wird oder ob die großen Tech-Unternehmen ihre Walled Gardens beibehalten werden.

Zwei wesentliche Komponenten machen nach Ansicht der ersten Investoren ein "echtes" Metaverse aus: Dezentralisierung und Interoperabilität.

Bei der Dezentralisierung werden die Kontrolle und die Entscheidungsfindung auf ein Netzwerk übertragen, anstatt dass eine einzelne Institution die Fäden in der Hand hält. Die Verbraucher haben in dieser offenen, erlaubnisfreien Welt das Sagen. Sie sind in der Lage, das Schicksal ihrer Erfahrungen zu gestalten und zu wählen und über ihre eigenen Identitäten und Erfindungen zu bestimmen.

Diese Dezentralisierung ist zum Teil der Blockchain-Technologie zu verdanken, die es den Nutzern ermöglicht, die Herkunft und den Besitz digitaler Güter in einem virtuellen Buch zu überwachen, und die eines Tages vielleicht auch selbständige Identitäten unterstützen wird.

Durch die Speicherung von Daten bei einzelnen Personen und nicht bei separaten Plattformen wird Interoperabilität ermöglicht, wodurch die Nutzer einfach von einer Erfahrung zur nächsten teleportieren können, indem sie denselben "digitalen Zwilling" verwenden. Für diejenigen, die wollen, dass das Metaverse auf der Ermächtigung der Verbraucher durch Dezentralisierung basiert, ist dies eine beunruhigende Vorstellung, besonders wenn man bedenkt, wie viel Geld Big Tech in diese Entwicklung steckt. Vergangene Woche hat Facebook sein Unternehmensportfolio in Meta umbenannt, um seinen Wunsch, das Metaverse zu etablieren, widerzuspiegeln, und hat dafür "Milliarden" zur Seite gelegt.

Obwohl Zuckerberg erklärt hat, dass das Unternehmen die Interoperabilität unterstützt, zeigt die Hardwarestrategie des Unternehmens ein anderes Bild. Die Oculus-VR-Geräte des Unternehmens erfordern beispielsweise ein Facebook-Konto zur Nutzung.

Tessa Conrad, Head of Innovation, TBWA Asia

Wir stecken hier noch in den Kinderschuhen, und ich glaube, es ist ein bisschen schwierig, das zu begreifen. Die Walled Gardens, die wir jetzt haben, würden in einem echten Metaverse nicht existieren. Aber diese Walls werden nirgendwo hin verschwinden, was bedeutet das also für das Metaverse? Ich bin der Meinung, dass die derzeitigen Walled Gardens mehr von der Gemeinschaft geführt werden. Es stimmt doch, dass Unternehmen dem Geld folgen? Wenn also aufgrund des Aufstiegs kleinerer Akteure im Metaverse Geld von ihren Plattformen abfließt, werden sie darauf achten.

Ich glaube daher, dass die Plattformen ziemlich abgeschottet bleiben werden, sich aber stärker für plattformübergreifende (natürliche) Integrationen öffnen werden. Außerdem glaube ich, dass wir in der Lage sein werden, uns mit Dingen wie unseren Währungen, digitalen Vermögenswerten, Vorlieben und Avataren ähnlich zu portieren, so wie unsere IDs bereits routinemäßig auf mehreren Plattformen verwendet werden.

Die Konsumenten sind sich ihrer Macht stärker bewusst als je zuvor. Das geschieht durch ihre Stimme, ihre persönlichen Gemeinschaften, ihre Plattformpräsenz und ihre finanziellen Mittel. Die Verbraucher haben die Möglichkeit, jederzeit auszusteigen, und eine florierende Wettbewerbslandschaft bedeutet, dass sie auch weiterhin andere Möglichkeiten haben werden. Daher werden wir dem Beispiel der Kunden folgen müssen, das meiner Meinung nach viel stärker von der Basis ausgehen wird.

Michael Patent, Gründer, Culture Group

Ich denke nicht, dass die großen Plattformen wie Facebook bereit sind, in einer dezentralisierten oder interoperablen Gesellschaft zu existieren. Ich glaube, dass sie versuchen werden, ihre eigene, verbesserte Version ihrer Welt zu schaffen. Bei anderen Plattformen, egal ob es sich um Spiel- oder Musikplattformen handelt, glaube ich, dass ihr wertvollstes Kapital in ihrer Fähigkeit liegt, die Entwicklung von Fans, nutzergenerierten Inhalten und Interoperabilität zu ermöglichen. Es wird ein Umdenken von "mein größtes Kapital ist meine Fähigkeit, die Daten zu speichern und zu vermarkten" zu "mein größtes Kapital ist meine Fähigkeit, im virtuellen Universum präsent zu sein" stattfinden.

Zoe Cocker, Leiterin der Yahoo Creative Studios ANZ

Das Metaverse wird meiner Meinung nach nicht von einer einzigen Einrichtung "besessen" oder "kontrolliert" werden. Das Konzept des Web 3.0 basiert auf Interoperabilität, Zugänglichkeit und Dezentralisierung der Macht. Mit Facebook (oder besser gesagt mit Meta) setzt eine ganze Reihe von Unternehmen auf die Zukunft des Internets.

Das Metaverse ist exponentiell gewachsen und hat damit frühere Versionen des Internets und die gesamte Spieleindustrie überholt. Werfen Sie einen Blick auf Roblox oder Fortnite, die starke Investitionen und Nutzerzahlen aufweisen.

Im März wurde Roblox mit 41,9 Milliarden Dollar bewertet und hatte über 44,3 Millionen Nutzer. Obwohl Meta zweifellos einen Beitrag zum Metaverse in Form von Aufmerksamkeit, Arbeitsplätzen sowie Forschung und Entwicklung leisten wird, bin ich skeptisch, ob der Fokus ausschließlich auf der Ökologie liegt.

Der Begriff Metaverse ist weit gefasst und umfasst eine Vielzahl von Erfahrungen. Wenn Facebook (jetzt Meta) sich offen darauf konzentriert, reiht es sich in eine Reihe von anderen Ökosystemen ein, die schon seit einiger Zeit in diesem Bereich tätig sind, wie Epic Games, Unity und Roblox. Wenn wir es genau betrachten, ähnelt es dem Krieg zwischen macOS und Windows in den 1990er Jahren oder dem heutigen Wettbewerb zwischen Google, Facebook und Apple um die Bindung von Nutzern innerhalb ihrer verschiedenen Ökosysteme.

Bei dem Metaverse handelt es sich um eine neue Art von vorwiegend immersiver Erfahrung, die die Verwendung neuer Hardware wie immersiver Headsets und Brillen erforderlich macht. Diese Hardware wird höchstwahrscheinlich nur in bestimmten Universen funktionieren. Die Oculus Quest ist ein großartiges Beispiel dafür, denn für ihre Nutzung ist ein Facebook-Konto erforderlich. So bleiben diese Ökosysteme voneinander getrennt und sind nur in geringem Maße integriert - so wie wir es derzeit im Nicht-Metaverse haben.

Nach Angaben von Facebook handelt es sich beim Metaverse lediglich um eine immersive Version seiner aktuellen Produkte.

Angesichts der aktuellen Probleme im Bereich der sozialen Medien scheint es, dass das Metaverse als eine leere Leinwand für alle dienen sollte. Die Chance besteht darin, den Menschen in den Mittelpunkt einer neuen Generation von Erfahrungen zu stellen.

Ein Kurzfilm aus dem Jahr 2016 versuchte sich vorzustellen, was passieren würde, wenn digitale Erfahrungen auf die reale Welt gestapelt würden. Die Möglichkeiten der Technologie sind beeindruckend, aber auch erschreckend, wenn man bedenkt, was daraus werden könnte. Bei der Entwicklung immersiver Erlebnisse muss der Mensch im Mittelpunkt stehen.

Emma Chiu, Global Director, Wunderman Thompson Intelligence

Mit dem Metaverse entsteht im Grunde eine neue technologiegestützte Gesellschaft. Für ein einzelnes Unternehmen wird es äußerst schwierig sein, die Kontrolle zu erlangen, da die Menschen, also die Nutzer, dagegen revoltieren werden. Unternehmen sind gezwungen, sich zu öffnen, so dass einige Videospiele auf verschiedenen Geräten von verschiedenen Herstellern gespielt werden können.

Das Metaverse wird von den Menschen beherrscht. Es würde das Metaverse nicht geben, wenn sich niemand daran beteiligen würde. Während Unternehmen also um den Besitz des Metaverse konkurrieren, werden Einzelpersonen den alleinigen Besitz nicht akzeptieren.

Alex Wills, Verantwortlicher für Kundenerfahrung, The Mill

Die etablierten Technologieunternehmen werden voraussichtlich ähnliche Wege einschlagen, um die verlockendsten Regionen innerhalb des Metaverse zu entwickeln, die eine größtmögliche und direkte Beteiligung und Verbindung ermöglichen. Für viele ist dies das genaue Gegenteil von dem, was der nächste Übergang mit sich bringen sollte.

So wie sich in den Anfangstagen der sozialen Medien und der Facebook-Plattform neue Möglichkeiten für neue und bestehende Akteure ergaben, Plattformen und Erfahrungen zu schaffen, die die Chancen der Dezentralisierung und Interoperabilität nutzen.

Kapitel 7. Was wird das Metaverse verändern?

Das Metaverse wird nicht nur die Welt, wie wir sie kennen, verändern, sondern auch die Art und Weise, wie wir sie sehen. Durch die Einführung von 3D-Welten werden wir unendlich viele Möglichkeiten für Arbeit, Reisen, Unterhaltung und vieles mehr haben. Schauen wir uns einige der Möglichkeiten an, wie wir das Metaverse in Zukunft nutzen können.

Reisen

Das Metaverse wird in Zukunft eine wichtige Rolle beim Reisen spielen. Durch das Aufsetzen der Brillen werden wir überall auf der Erde sehen können, ohne reisen zu müssen. In den letzten zehn Jahren hat sich der Bereich der 3D-Modellierung und des Renderings stark verändert.

Bisher war das Rendern und Schattieren realistischer 3D-Modelle extrem ressourcenintensiv, und die Ergebnisse waren schwerfällige Grafiken. Heutzutage verfügen wir nicht nur über bessere 3D-Produktionsmethoden, sondern unsere Grafikkarten und Internetverbindungen verarbeiten sie auch viel schneller und effizienter.

Namhafte Unternehmen wie Unity und NVIDIA entwickeln bereits hochmoderne 3D-Grafiktechnologien, die extrem realistisch aussehen. Diese Technologien werden derzeit vor allem in Videospielen eingesetzt, halten aber allmählich auch in der Filmindustrie Einzug.

Früher oder später werden wir über Videodienste verfügen, mit denen wir überall auf der Welt reisen können. Das Beste daran ist, dass wir uns dann nicht mehr mit überfüllten Sehenswürdigkeiten herumschlagen müssen und uns das Wetter aussuchen können, wie es uns gefällt.

Unterhaltung

Mit dem Metaverse steht der Unterhaltungsindustrie eine der größten Veränderungen bevor. Es ist zu erwarten, dass die Unterhaltungsbranche viel interaktiver und zugänglicher wird. So kann das Metaverse zum Beispiel die Art und Weise, wie wir Musik hören, verändern.

Künstler können Musikvideos im Metaverse erstellen und Tickets für ihre Studio-Sessions verkaufen. Zudem wird die Größe des Veranstaltungsortes für den Kartenverkauf keine Rolle mehr spielen. Live-Konzerte können durch das Metaverse auf eine neue Ebene gebracht werden. Wir müssen nicht mehr an eine bestimmte Zeit oder an einen bestimmten Ort gebunden sein, um unsere Lieblingskünstler zu sehen. Wir müssen auch nicht mehr darauf warten, dass unsere Lieblingsbands auf Tournee gehen.

Gleiches gilt für die Filmindustrie. Unsere Lieblingsfilme und -fernsehserien können problemlos allein zu Metaversen werden. Im Metaverse von Game of Thrones könnte man neben Daenerys Targaryen auf einem Drachen reiten oder die Matrix betreten, um die ultimative Metaversion zu erleben.

Ein derartiges Szenario könnte sich in den späteren Phasen des Metaverse entwickeln, doch interaktive Filmerlebnisse werden wahrscheinlich schon in der Anfangsphase verfügbar sein.

Da Unternehmen wie Disney und Lucas Arts bereits die geistigen Eigentumsrechte an ihren Universen besitzen, befinden sie sich in einer guten Position, um ein auf ihren Franchises basierendes Metaverse zu schaffen.

Ein weiteres Beispiel, das vom Metaverse profitieren könnte, ist die Erotikbranche. Einige Experten behaupten, dass die Erotikindustrie im Jahr 2026 ein Volumen von 122 Milliarden Dollar erreichen könnte. Die Nutzung neuer Internettechnologien in der Erwachsenenunterhaltung ist nichts Neues. Viele Websites bieten ihren Kunden bereits Videoclips und Webcam-Interaktionen an. Die Erotikbranche hat sich als krisensicher erwiesen, und das Metaverse wird mit Sicherheit noch einen draufsetzen.

Militär

Das Militär ist einer der wenigen Investoren im Metaverse, die sich nicht zu sehr in den Vordergrund drängen. Jede Armee muss immer auf dem neuesten Stand der Technik sein, um in Bestform zu bleiben. Zudem verlassen sich Streitkräfte auf der ganzen Welt auf Simulationen, um ihr Personal zu trainieren. Da das Metaverse realistische Simulationen ermöglicht, ist es nur natürlich, dass die Militärindustrie davon profitieren wird.

Eines der ersten Unternehmen, das auf den Zug aufsprang, war Optimus System. Das Unternehmen entwickelt und liefert militärische Trainingssimulatoren. DEIMOS, ihre neue Metaverse-Technologie, steht kurz vor dem Eintritt in den Weltmarkt.

Mit dem System werden militärische Trainingsumgebungen wie Präzisionsschießen, taktisches Verhaltenstraining und Beobachtungstraining geschaffen. Nam-Hyuk Kim, CEO von Optimus System, sagte: " Wir möchten die Entwicklung wissenschaftlicher Produkte ausweiten, um effektivere, echte kriegsähnliche Trainingssysteme auf der Basis der Technologien der vierten industriellen Revolution zu implementieren. Mit neuen Ideen und differenzierten Technologien wird unser Unternehmen den globalen Metaverse-Markt anführen."

Die Durchführung militärischer Kriegsspiele und die Ausbildung kosten Organisationen wie die NATO jedes Jahr Milliarden von Dollar. Durch den Einsatz von Metaverse-Technologien könnten sie nicht nur ihr Budget reduzieren, sondern auch äußerst realistische Trainingsszenarien schaffen, ohne das Personal zu gefährden.

E-Commerce

Durch das Web 2.0 hat der elektronische Handel Einzug in unseren Alltag gehalten. Zahlreiche Unternehmer haben sich auf den digitalen Handel umgestellt, und unzählige andere haben über E-Commerce-Shops lukrative Nebengeschäfte entwickelt.

Online-Lieferungen sind inzwischen die Norm und haben auch während der COVID-19-Pandemie die Welt am Laufen gehalten. Es ist zu erwarten, dass sich unsere Online-Einkaufsgewohnheiten mit dem Aufkommen des Metaversums weiterentwickeln werden.

Die Geschäfte können ihre eigenes Metaverse schaffen oder sich zu virtuellen Einkaufszentren zusammenschließen. In diesen Geschäften können wir uns vor dem Kauf von der tatsächlichen Größe, Farbe und Passform überzeugen.

Andererseits wird das Einkaufen im Metaverse in der Virtual-Reality-Wirtschaft selbst stattfinden. Virtuelles Land, Token und andere Waren, die für jedes Metaverse einzigartig sind, werden mit Kryptowährungen erhältlich sein. Als Währung für ein Metaverse können Bitcoin, Altcoins oder ein ganz eigener Token verwendet werden.

Wie dem auch sei, das Metaverse wird eine Geschäftsmöglichkeit im E-Commerce haben. Wenn Sie sich frühzeitig für die Art der Produkte entscheiden, die Sie verkaufen wollen, können Sie zu den ersten gehören, die den Markt betreten. Sollten Sie also eine originelle Idee oder ein originelles Produkt haben, sollten Sie in Erwägung ziehen, es zu patentieren.

Arbeitsplatz

Einige Tech-Giganten wie Microsoft arbeiten an der Schaffung eines Metaverse für den Arbeitsplatz. Anfangs war geplant, virtuelle Konferenzräume zu schaffen, in denen sich Kollegen in der virtuellen Realität treffen können.

Im Zuge der Pandemie sind Online-Meetings mit Apps wie Zoom und Google Hangouts am Arbeitsplatz bereits üblich geworden. Mitarbeiter haben die Auswirkungen der so genannten "Zoom-Müdigkeit" zu spüren bekommen, und Unternehmen sind auf der Suche nach besseren Möglichkeiten, Mitarbeiter online einzubinden.

Mit dem Metaverse wird ein Online-Konferenzraum viel realistischer. Präsentationen werden fesselnder, die Kommunikation fühlt sich echter an, und das Publikum wird stärker eingebunden.

Da sich Metaverse-Arbeitsplätze als nützlich erweisen, könnte die Zahl der internationalen Teams stark ansteigen. Zudem können Unternehmen ihre internationalen Meetings online abhalten und ihre Geschäftsreisekosten senken.

Obwohl das Metaverse die menschliche Interaktion nicht vollständig ersetzen kann, kann es sie sicherlich beschleunigen. Sie können ein Unternehmen gründen, das einen internationalen Arbeitszeitplanungsdienst anbietet, oder ein Übersetzungs-Plugin für internationale Meetings erstellen. Das sind zwei großartige Geschäftsmodelle für das Metaverse.

Gaming

Die Spieleindustrie ist eine der Branchen, die die Grenze zum Metaverse überschreiten wird. Die Einführung von Virtual-Reality-Brillen hat die Aufmerksamkeit der Spieleindustrie geweckt. Inzwischen bieten beliebte Spiel-Engines wie Unity 3D Entwicklern die Möglichkeit, Spiele für die virtuelle Realität zu exportieren. Des Weiteren werden 3D-Kunst und -Umgebungen schon seit Jahrzehnten in der Branche verwendet. Man kann davon ausgehen, dass Spieleentwickler zu den ersten gehören werden, die sich an das kommende Metaverse anpassen.

Sie werden sich über die technischen Aspekte der Spielentwicklung hinaus schnell anpassen können. Bei Spielen mit einer großen Fangemeinde, wie MMORPGs und MOBAs, werden die Währungen schon seit langem für Käufe im Spiel verwendet. Einige wenige Entwickler akzeptieren jetzt auch Zahlungen in Kryptowährungen.

Die Spielebranche hat all diese Vorteile gegenüber anderen Branchen, was sie zu einem der Vorzeigekinder des Web 3.0 macht. Sie können schon früh in das Metaverse investieren, indem Sie in Spielestudios investieren, die sich in diese Richtung bewegen. Falls Sie ein risikofreudiger Investor sind, suchen Sie nach Investitionsmöglichkeiten in kleine Start-ups. Um auf Nummer sicher zu gehen, sollten Sie nach etablierten Spielestudios Ausschau halten, bei denen es Anzeichen für eine Umstellung gibt. Kaufen Sie frühzeitig Aktien und verfolgen Sie sie regelmäßig, um sicherzustellen, dass sie Fortschritte machen.

Dating und Beziehungen

Die Online-Partnervermittlung hat die Art und Weise, wie wir Menschen kennenlernen, schon vor vielen Jahren verändert. Heute ist es ganz einfach, jemanden zu treffen. Man muss sich nur auf einer Website anmelden oder eine App auf sein Telefon herunterladen. Das Metaverse wird die Dinge noch mehr aufmischen.

Bedenken Sie, dass künstliche Intelligenz und maschinelles Lernen wichtige Bestandteile des Web 3.0 sind. Dating-Anwendungen wie Tinder und OkCupid erfreuen sich großer Beliebtheit, da sie uns mit Menschen zusammenbringen, an denen wir ohnehin interessiert sind. Das spart nicht nur Zeit, sondern erhöht auch die Wahrscheinlichkeit, dass ein erstes Date gut verläuft. Diese Entwicklung wird sich fortsetzen, sobald das Metaverse auch in der Dating-Welt Einzug hält. Künstliche Intelligenz wird kluge Vermutungen über unsere Vorlieben anstellen. Sobald wir eine Vorliebe oder Abneigung für ein bestimmtes Merkmal zum Ausdruck bringen, werden unsere Entscheidungen einen Pool von Merkmalen bilden, an denen wir interessiert sein werden.

Im Metaverse werden wir diese Menschen sofort treffen können, was noch viel spannender ist. Dank dieser Technologie können wir intensiver mit Menschen interagieren, ohne persönliche Informationen wie Telefonnummern und Adressen preisgeben zu müssen. Dadurch dürfte das Online-Dating in Zukunft noch sicherer werden.

Medien

Wir haben bereits über die Auswirkungen der Dezentralisierung von Informationen gesprochen. Eine der am stärksten von dieser Entwicklung betroffenen Branchen waren zweifellos die Mainstream-Medien. Zeitungen und Nachrichtensender sahen das Internet zunächst als eine Möglichkeit, ihre Zugänglichkeit zu verbessern. Allerdings mussten sie in diesem Prozess einen der größten Einbußen hinnehmen.

Das Internet hat eine Informationsdemokratie geschaffen, die es den Nutzern ermöglicht, die von ihnen gewünschten Informationen sowohl zu generieren als auch zu konsumieren. Am deutlichsten spiegelt sich diese Aussage in den sozialen Medien wider, die wir jeden Tag nutzen. Das Internet gibt außerdem alternativen Medien eine faire Chance, mit den Massenmedien zu konkurrieren. Die Presse hat also nicht länger ein Monopol. Ähnlich verhält es sich mit den großen Fernsehsendern, die Marktanteile und Einfluss an Streaming-Dienste wie Netflix verloren haben.

Was das Web 3.0 für die Medien bringen wird, lässt sich nur schwer vorhersagen. Beim Web 3.0 geht es darum, dass wir in der Lage sind, unsere Eingaben reflektiert zu sehen. Für die Medien auf der Unterhaltungsseite könnte es einfacher sein, sich an das Web 3.0 anzupassen.

Unklar bleibt jedoch, wie der 24-Stunden-Nachrichtenzyklus mit dem Web 3.0 interagieren wird. Die Regierungen werden zweifelsohne gegen die vollständige Dezentralisierung von Nachrichten vorgehen, so wie sie es heute schon tun. Man kann jedoch davon ausgehen, dass der Selbstjournalismus und die sozialen Medien an Bedeutung gewinnen werden. Vermutlich werden wir mehr Zugang zu persönlichen Nachrichten haben, von denen die künstliche Intelligenz annimmt, dass sie uns interessieren werden.

Es könnte auch Möglichkeiten geben, auf der Grundlage unseres Konsums Warnmeldungen auszulösen oder Vorkehrungen für die psychische Gesundheit zu treffen. Bis jetzt hat die Zeitung Time den kühnsten Schritt in das Metaverse gewagt, den ein Medienunternehmen machen kann. Sie bringt einen wöchentlichen Newsletter heraus, der sich ausschließlich mit dem Metaverse beschäftigt.

Bildung

Die COVID-19 Pandemie hat gezeigt, dass Lernen von Angesicht zu Angesicht nicht der einzige Weg ist, um zu lernen. Zwar hat die Online-Bildung ihre Herausforderungen und Rückschläge, doch das Metaverse kann Lösungen bieten. Im Metaverse können Lehrkräfte mit Kindern in der virtuellen Realität interagieren, was weit entfernt von einem Zoom-Anruf ist. Noch eindrucksvoller ist, dass ein Lehrer jeden Schüler in jedem Teil der Welt mit Hilfe von maschinellen Lerntechniken und Übersetzungstechnologien unterrichten kann.

Kapitel 8. Wichtigste Metaverse-Projekte, in die man investieren sollte

Sie haben allen Grund zu der Annahme, dass das Metaverse Realität wird. Jetzt ist der beste Zeitpunkt, um in Blockchain-basierte Metaverse-Projekte zu investieren. Aber wissen Sie, welche blockchainbasierten Metaverse-Projekte die besten sind? Und wissen Sie, wie Sie sich in ein solches Projekt einbringen können? Falls nicht, dann sollten Sie diesen Abschnitt aufmerksam lesen. Wir stellen Ihnen die 5 besten Metaverse-Projekte vor, in die Sie investieren sollten:

Enjin (MetaCity)

MetaCity ist die weltweit erste frei erwerbbare NFT-Immobilie, die vom Spiel Minecraft beeinflusst ist. Derzeit gibt es nur 70 NFT-Grundstücke, auf denen die Besitzer eine Vielzahl von Unternehmen gründen können.

MetaCity ist eines der beliebtesten Spiele wegen der kostenlosen NFT-Drops, die man verdienen, vermarkten oder für immer behalten kann. Dies bedeutet, dass Kunden die Möglichkeit haben, Dinge zwischen den beiden Spielen, in diesem Fall MetaCity und Minecraft, zu tauschen. Indem man einfach tut, was einem Spaß macht, schafft man einen Mehrwert für die Welt und verdient seinen Lebensunterhalt.

Bei MetaCity wird beispielsweise jeder in der Lage sein, nicht-fungible Token-Charaktere und nicht-fungible Token-Kunstausstellungen zu erstellen.

Kennen Sie das äußerst beliebte Server-Spiel Grand Theft Auto? Haben Sie gewusst, dass man es jetzt auch im Enjin-Metaverse spielen kann? MetaCity's Fractured Lands NFT Eigenschaften sind seit kurzem verfügbar. Diese Plattform hat den Vorteil, dass sie es den Benutzern ermöglicht, ihre Kryptowährung innerhalb von MetaCity auszugeben. Dies bedeutet, dass Teilnehmer ein Stück Land beanspruchen können und ein NFT erstellt wird, um seinen Wert zu zeigen.

Letztendlich kann jeder das Spiel kostenlos spielen und Kapitalmünzen sammeln, um NFT-Grundstücke auf dem Minecraft-Server zu kaufen. Zurzeit ist nur dieser Server verfügbar. Es ist wichtig zu wissen, dass der Kauf von NFT-Grundstücken im Moment noch nicht möglich ist. Diese Funktion wird in Kürze verfügbar sein.

Sandbox

Sandbox ist eine virtuelle Umgebung, die auf dem Ethereum-Blockchain-Netzwerk aufgebaut ist und in der die Spieler ihre Spielzeit gestalten, kontrollieren und monetarisieren.

Das Konzept zielt darauf ab, etablierte Spielehersteller wie Minecraft und Roblox zu verärgern, indem es den Schöpfern echtes Eigentum in Form von nicht-fungiblen Token gibt und sie für ihre Beiträge zur Umgebung entschädigt.

The Sandbox gehört laut CoinGecko zu den Top 5 der Metaverse-Projekte und macht 7 % des Marktes aus. Einer der Gründe, warum Sie The Sandbox mögen werden, ist der Rahmen für die Erstellung von Spielen innerhalb des Metaverse.

Nutzer, die Inhalte mithilfe von Blockchain-Netzwerken und intelligenten Verträgen erstellen, werden ein besseres Erlebnis haben. Der Sandbox Game Maker ist ein Beispiel dafür. Die Sandbox enthält auch ein Tool namens VoxEdit, mit dem jeder beginnen kann, Objekte zu erstellen. Stellen Sie sich vor, wie viel Spaß es machen würde, 3D-Assets zu erstellen. Mithilfe von VoxEdit können Benutzer ihre NFT-Kreationen einstellen, veröffentlichen und verkaufen.

Nach Fertigstellung können die Objekte verkauft werden, indem ein erstes Verkaufsangebot auf dem NFT-Marktplatz veröffentlicht wird, wo interessierte Käufer darauf bieten können. Außerdem wird The Sandbox in Kürze ein zeitlich begrenztes Erlebnis namens "Main Hub" einführen. Dies wird ein Treffpunkt sein, an dem sich die Leute treffen können.

Sicher haben Sie die Serie The Walking Dead gesehen. Andererseits hat dieses Franchise ein Grundstück in Sandbox gekauft, um seinen Kunden ein fantastisches Erlebnis zu bieten. Folgen Sie diesem Leitfaden, wenn Sie ein Grundstück in der "Walking Dead"-Zone kaufen möchten.

Ein Beweis dafür, dass dieses Metaverse immer beliebter wird, ist die Anwesenheit von Snoop Dog in The Sandbox. Er wird über eine Residenz und eine exklusive NFT-Sammlung verfügen, um Live-Konzerte zu geben und mit Spielern zu interagieren.

Der Governance-Token von The Sandbox, $SAND, dient als Rückgrat der Transaktion. Damit können die Teilnehmer unter anderem auf die Website zugreifen, Spiele spielen, Geld einsetzen und Preise erhalten. Über 20 Börsen haben den $SAND-Token gelistet. Crypto.com, Polionex, Bittrex und Kraken sind nur einige der bekanntesten Börsen.

Wie man bei Sandbox mitmacht

Bis zum Ende des Jahres wird die Sandbox veröffentlicht werden. In der Zwischenzeit können Sie jedoch bereits eine Parzelle auf OpenSea erwerben. Die Aktivitäten vor der Saison 0 werden zuerst für Landbesitzer zugänglich sein. Alle anderen Spieler können sich im Laufe der Zeit vorregistrieren und an dem Event teilnehmen.

Besuchen Sie die offizielle Website von The Sandbox und schauen Sie sich den Kartenbereich an, um loszulegen. Am ersten Veranstaltungstag wird ein großer Teil der Karte durch Nebel verdeckt sein. Der Nebel wird sich lichten, und die Erlebnisse werden während des Events über mehrere Wochen hinweg systematisch freigeschaltet. Auf dem Sandbox-Marktplatz gibt es außerdem eine große Auswahl an NFTs, aus denen iman wählen kann.

Ultra

Als erstes gebührenfreies Blockchain-Netzwerk-Ökosystem seiner Art ermöglicht Ultra eine Unterhaltungsplattform, die verschiedene Glücksspielsektoren und Blockchain-gestützte Dienste an einem Ort zusammenführt. Ultra's Netzwerk wird in der Lage sein, über 12.000 Transaktionen pro Sekunde zu verarbeiten.

Mit Ultra haben Sie Zugang zu einer breiten Palette zentraler und dezentraler Dienste. Sie können Spiele und In-Game-Materialien finden, kaufen, spielen und verkaufen, Live-Streaming-Feeds ansehen, mit den von Ihnen gewünschten Influencern kommunizieren, an Wettbewerben und Turnieren teilnehmen und vieles mehr.

Bei Ultra gibt es jedoch eine ERC-20-Münze, $UOS. Uniswap, Bitfinex, Bitrue, Kucoin und Bancor Network sind alles Orte, an denen Sie $UOS kaufen können. Transaktionen auf Ultra sind ebenfalls kostenlos und sehr schnell. Jeder kann $UOS einsetzen und als Belohnung äußerst limitierte NFTs erhalten. Bei Überlastung des Systems werden die Transaktionen der Benutzer in eine Warteschlange gestellt, in der sie automatisch nach Priorität geordnet werden. Die Nutzer, die die meisten $UOS-Token investiert haben, stehen dann an erster Stelle der Warteschlange.

Wie man bei Ultra mitmacht

Ultra befindet sich noch in der Beta-Phase. Die offizielle Veröffentlichung wird jedoch in Kürze erfolgen. Die Betaversion enthält 3 Phasen, die in dieser Reihenfolge abgeschlossen werden müssen. Die erste Phase begann im Dezember 2020. Bei der Ultra-Plattform handelt es sich um ein Programm zum Herunterladen, das eine Ultra-Wallet und den Zugang zum Ultra-Blockchain-gestützten Anwendungsökosystem umfasst. Teilnehmer können die Wallet-Only-Software herunterladen, nachdem das Mainnet mit der Ultra-Plattform verbunden wurde.

Alle bevorzugten Programme der Teilnehmer können an einem Ort gefunden werden. Mit Hilfe der zukünftigen DeFi-Apps interagieren sie auf verschiedene Weise mit Unterhaltungsdiensten, vom Spielen bis zum Handel auf nicht-fungiblen Token-Marktplätzen. Um ein Konto zu eröffnen, müssen Sie zunächst die Wallet herunterladen.

Chiliz

Chiliz ist jetzt ein Mitglied des Sandbox Metaverse. Berichten zufolge hat Chiliz 576 Acres in The Sandbox gekauft. Im Sandbox Metaverse wird Chiliz eine Sport- und Unterhaltungs-Community für Fans von Partnerteams wie FC Barcelona, Juventus und Paris Saint-Germain schaffen.

Über Fan-Token ermöglicht Chiliz den Sportorganisationen, mit ihrer globalen Fanbasis zu kommunizieren und von ihr zu profitieren.

Zurzeit gibt es noch kein festes Datum für die Eröffnung der Chiliz-Länder auf Sandbox. Sie müssen zunächst ein Sandbox-Konto einrichten, dann nach Chiliz-Ländern suchen und sich mit ihnen beschäftigen.

Sorare

Sorare ist ein Blockchain-basiertes, NFT-Fußballspiel. Auf der Sorare-Plattform sind über 180 Fußballmannschaften vollständig lizenziert, wobei wöchentlich weitere Vereine hinzukommen. Das ist eine hervorragende Investitionsmöglichkeit, da die Nutzer mit ihren gekauften Karten einen Fantasiekader zusammenstellen können. Jede Karte ist ein Abbild einer realen Person. Je nach Erfolg des Spielers auf dem realen Spielfeld erhalten die Karteninhaber Punkte. Die Mannschaften, die jede Woche die meisten Punkte sammeln, erhalten als Belohnung neue Karten.

Für die Serie B hat Sorare eine Investition von 680 Millionen Dollar angekündigt. Haben Sie außerdem gewusst, dass der NFT "Lionel Messi" mit 7,9 ETH zu Buche schlägt?

Das Unternehmen Ubisoft hat ein Spiel entwickelt, das die nicht-fungiblen Token von Sorare verwendet, eine weitere Geschichte über Sorare.

Sie können mit Ihrer E-Mail-Adresse ein kostenloses Konto eröffnen und sich an Sorare beteiligen. Die NFT-Karten von Sorare können per Banküberweisung oder per Debit-/Kreditkarte erworben werden. Apple Pay und Android Pay sind ebenfalls verfügbar. Diese NFT-Karten können in mehr als 40 Ländern erworben werden.

Top Metaverse Token zum Investieren

Es gibt zwar viele Methoden, um in das Metaverse zu investieren und ein Stück vom Kuchen abzubekommen, aber in diesem Artikel konzentrieren wir uns auf Blockchain-basierte digitale Token. Die Blockchain-Netzwerktechnologie wird sicherlich die Metaverse-Systeme antreiben und es den Nutzern erlauben, digitale Vermögenswerte mit NFTs und Kryptowährungen wie Bitcoin und Ether zu besitzen, zu entwickeln und auszutauschen. NFTs haben dem Metaverse in letzter Zeit zu einem Popularitätsschub verholfen. Was sind die wichtigsten Metaverse-Token, die man kennen sollte?

Meta Tokenized Stock

Meta-Tokenized Stocks sind übertragbare Token, die den Wert des zugrunde liegenden Vermögenswerts repräsentieren und ähnlich wie stabile Münzen funktionieren. Es geht um die Schaffung und Ausgabe von digitalen Token oder "Münzen", die die Anteile einer Person an einem Unternehmen oder einer Organisation widerspiegeln.

Aktien (manchmal auch als Eigenkapital bezeichnet) sind dagegen nur ein Finanzinstrument, das das Eigentum an einem Teil eines Unternehmens widerspiegelt. Für Mark Zuckerberg soll Meta zu einem Metaverse-Unternehmen werden. Bisher hat der Internetriese 50 Millionen Dollar in seine Metaverse-Initiativen "XR Programs and Research Fund" gesteckt.

Mit anderen Worten, Meta tokenized stock (FB) sind Token-Derivate, die traditionelle Wertpapiere widerspiegeln. Dabei handelt es sich um eine tokenisierte Kopie einer Aktie, die in der Regel 1:1 durch die zugrunde liegende Aktie gedeckt ist. Da sämtliche Mittel von Meta in das Metaverse fließen, könnte sich der Kauf von Meta-Tokenized-Aktien in einigen Jahren als recht profitabel erweisen.

Mithilfe der Meta-Token-Aktie können Sie sich entscheiden, einen Bruchteil eines Artikels zu kaufen, anstatt die ganze Aktie. Die Liquidität dieser Aktien ist besser als die anderer echter Aktien, je nachdem, wo Sie leben, und sie können den ganzen Tag über gegen echte Meta-Aktien getauscht werden.

Sie können die Meta-Token-Aktien auf FTX und Bittrex kaufen.

Decentralized (MANA)

MANA, der Token von Decentraland, ist ein weiterer Metaverse-Token, den Sie kennen sollten. Decentraland ist eine VR-Plattform, die auf dem Blockchain-Netzwerk aufgebaut ist und es den Teilnehmern ermöglicht, Land zu kaufen, zu handeln und zu entwickeln, während sie Spiele spielen, Inhalte erstellen und mit anderen Mitgliedern kommunizieren.

Decentraland ist die größte virtuelle Welt im Bereich der NFTs und wird durch den nicht-fungiblen ERC-71 Token LAND gekennzeichnet. Jedes Stück Land auf Decentraland ist einzigartig, und seine Besitzer haben die vollständige Kontrolle darüber, was sie damit machen.

MANA ist eine Plattform, die es einem Teilnehmer ermöglicht, Land zu kaufen. Er basiert ebenfalls auf Ethereum und kann im Austausch gegen andere Kryptowährungen oder Fiat-Geld gekauft und gehandelt werden. Das Gesamtangebot an MANA wurde auf 2,6 Milliarden festgelegt.

Axie Infinity (AXS)

Die Ethereum-gestützten digitalen Währungen AXS und SLP werden in Axie Infinity verwendet, einem auf NFTs basierenden Online-Videospiel. Bei diesem Spiel züchten, züchten und bekämpfen die Spieler ihre digitalen Haustiere, die sogenannten Axies. AXS ist der native Token im Axie Infinity-Spiel.

Wer einen Token besitzt, kann abstimmen und den Verlauf des Spiels beeinflussen. Anders als bei typischen Spielen, bei denen die Spielentwickler alle Entscheidungen treffen, handelt es sich hier um ein gemeinschaftliches Projekt. AXS-Token-Inhaber können über verschiedene Governance-Initiativen abstimmen, ihre Token einsetzen und mehr verdienen.

Smooth Love Potion (SLP) Token werden auch in der Axie-Welt verwendet. Der SLP-Token wird in erster Linie für die Zucht verwendet. Wer im Spiel Abenteuer und Kämpfe gewinnt, erhält das SLP-Plättchen. Das SLP-Plättchen unterscheidet sich vom AXS-Plättchen, da es kein einheimisches Plättchen ist. Er wird daher nicht bei Abstimmungen verwendet. Insgesamt stehen 270 Millionen AXS-Plättchen zur Verfügung.

Enjin Coin (ENJ)

Sie könnten sich auch den Enjin Coin ansehen, einen Metaverse-Token. Dabei handelt es sich um einen Ethereum-basierten Token, der entwickelt wurde, um die Nutzung von NFTs für Menschen, Marken und Unternehmen so einfach wie möglich zu gestalten. NFTs, die mit Enjin entwickelt werden, verwenden hingegen den ERC-1155-Standard, der nicht mit dem ERC-721-Standard identisch ist.

ENJ ist der Governance-Token auf der Plattform. Mit ENJ werden NFTs, die im Enjin-Ökosystem erstellt werden, direkt unterstützt. Jeder neue nicht-fungible Token, der im Netzwerk generiert wird, erhält eine feste Menge an ENJ. Der Wert der neu geschaffenen Token in der physischen Welt wird durch die gesperrten Mittel bestimmt. Enjin erhielt kürzlich auch etwa 19 Millionen Dollar, die für die Entwicklung einer Polkadot-basierten Blockchain für nicht-fungible Token verwendet werden sollen. Es stehen insgesamt eine Milliarde ENJ-Token zur Verfügung.

Kapitel 9. Megatrends, die das Metaverse prägen

Dieses Kapitel skizziert einige Megatrends - globale exponentielle Bewegungen, die derzeit stattfinden - und wie sie die Zukunft des Metaverse bestimmen werden. Die meisten Megatrends umfassen eine Mischung aus technologischer und gesellschaftlicher Entwicklung. Wir werden diese Trends wie folgt beschreiben.

Virtual Mainstreaming

Immer mehr Menschen betrachten die virtuelle Welt als genauso echt wie die reale. In der realen Welt ist Vertrauen eine grundlegende Voraussetzung für funktionierende Beziehungen und Systeme. Vertrauen ist die Grundlage dafür, dass Unternehmen in Rechtssystemen florieren, unser Geldmarkt weiterhin funktioniert und wir unsere Beziehungen bewerten. Alle diese Technologien sind aufgrund von Vertrauen skalierbar.

Das Metaverse und die Branchen, die es unterstützen, werden in dem Maße skalierbar sein, wie das Vertrauen in den "virtuellen" Bereich wächst - mit Online-Freunden, virtuellen Objekten und Kryptowährungen, intelligenten Verträgen und Live-Online-Erfahrungen. Laut Gartner wird bis 2023 mehr als die Hälfte der großen Unternehmen Low-Code- und No-Code-App-Plattformen (LCAPs) nutzen, um zumindest einen Teil ihrer Systeme zu verwalten.

Low-Code-/No-Code-App-Plattformen sind visuelle Softwareentwicklungssysteme, mit denen Unternehmen und einzelne Entwickler App-Komponenten per Drag-and-Drop zusammenstellen, miteinander verknüpfen und so mobile oder Web-Apps erstellen können. Ein großer Teil der "Magie" von LCAP liegt in der Automatisierung von Prozessen, Bereitstellung, Sicherheit, Skalierung und Interaktion mit zahlreichen Datenendpunkten.

Die meiste Zeit wird bei der Erstellung von Internetanwendungen für die Bewältigung von Komplexität und Skalierung aufgewendet. Dadurch wird der Aufwand für die Erstellung von Anwendungen erheblich sinken und es wird sich auch ändern, wer diese Aufgabe übernimmt. Ein Großteil der Ersteller migriert zu einem serverlosen System. Auf der anderen Seite gibt es eine immer größere Anzahl von Entwickler-Tools, die es einfach machen, Inhalte im Metaverse zu erstellen, erweiterte Verhaltensweisen zu programmieren und Handel zu treiben.

Low-Code Platforms

Low-Code- und No-Code-App-Plattformen (LCAP) ersetzen Workflows, Logik und die manuelle Kodierung von Anwendungen durch Abstraktionen auf einer höheren Ebene (wie visuelle Gerüste und Drag-and-Drop-Tools). Der größte Vorteil dieser Entwicklung besteht darin, dass Nicht-Programmierer nun einige Aufgaben übernehmen können, die normalerweise von Programmierern ausgeführt werden. Dennoch gibt dies nicht vollständig Aufschluss über die Wirkung oder den Grund, warum Unternehmen diese Plattformen nutzen.

Es ist allgemein bekannt, dass Waren für große oder kleine Unternehmen attraktiv sind, doch das ist nicht immer der Fall.

Auch wenn es in der Regel schwierig ist, "Business"-Technologie an Privatpersonen zu bringen, gibt es doch einige Fälle, wo dies funktioniert hat und sich als die kostengünstigste Lösung für das Unternehmen erwiesen hat. In letzter Zeit wurden No-Code/Low-Code-Systeme wie Shopify eingesetzt, um von kleinen Unternehmen bis hin zu einigen der größten Marken der Welt (Hasbro, Budweiser usw.) alles zu steuern. Nach und nach wird das Metaverse von einer größeren Anzahl von Herstellern aufgebaut werden, wobei auch eine größere Bibliothek von Plug-in-Anwendungen und Logik zur Verfügung stehen wird.

Machine Intelligence

Computer übernehmen immer mehr Aufgaben, die bislang von Menschen ausgeführt wurden. Beispiele für solche Bereiche sind Deep Learning, maschinelles Lernen und künstliche Intelligenz.

Wir leben in einem Universum, in dem Lernprogramme die Optimierung von Werbung, Marketing und Online-Engagement übernehmen. Die Entwicklung von natürlicher Sprachverarbeitung und Bilderkennung steckt noch in den Kinderschuhen. Anwendungen wie selbstfahrende Autos in der realen Welt rücken jedoch immer näher.

Maschinelle Intelligenz steht im Einklang mit allen anderen Trends, die im Metaverse zu finden sind. Sie wird Einfluss auf die Kreativität haben, da Maschinen zu Beteiligten im Schöpfungsprozess werden - man braucht sich nur anzuschauen, wie AI Dungeon Geschichten entwickelt oder wie Promethean AI eine virtuelle Umgebung erschaffen kann - und man kann sich vorstellen, wie weit dies im nächsten Jahrzehnt fortgeschritten sein wird.

Künstliche Intelligenz wird Mikrochips für das Metaverse entwickeln und Codes erstellen, die Programmierer unterstützen. Unsere Gesten werden interpretiert, die Bewegung unserer Augen wird vorhergesagt, Emotionen werden erkannt, und Maschinen werden sogar das Zünden von Neurotransmittern in unseren Gehirnen erkennen.

Auf der Grundlage unserer Entscheidungen und Interessen werden die von uns gewünschten Informationen ermittelt, wann immer wir sie brauchen. Die Orte, die wir erkunden, werden zunehmend von virtuellen Lebewesen bevölkert sein.

Aufstieg der Kybernetik

Das Zeitalter der Kybernetik ist angebrochen. Allerdings ist sie noch nicht so weit verbreitet, wie sie es in Zukunft sein wird, und auch noch nicht ausgereift. Die Verknüpfung menschlicher sensorischer und motorischer Netzwerke mit Maschinen wird als Kybernetik bezeichnet. Beispiele dafür sind Eingabe-/Ausgabegeräte für Videospiele, Wearables, Beschleunigungsmesser für Smartphones und Virtual-Reality-Headsets.

Durch Miniaturisierung und Hochgeschwindigkeitsnetzwerke haben sich die Geräte von stationären Workstations zu tragbaren, leistungsfähigen Computern in unseren Taschen entwickelt. Diese Rechner rücken immer näher an unseren Körper heran. Wir blicken nicht mehr nur von außen auf die Maschinen, sondern wir leben in der virtuellen Welt und in einer Welt, in der wir von Computern umgeben sind.

Da diese Geräte keine Telefone, sondern leistungsstarke Supercomputer mit einem vorinstallierten Telefonprogramm sind, wirkt das Wort "Smartphone" bereits veraltet.

Virtual-Reality-Brillen wie die Oculus-Brille, die auf die Augen, die Kopfposition und die Bewegungen des Kopfes reagiert, ermöglichen es uns bereits, die virtuelle Welt zu betreten. Diese Erfahrung wird sich auf noch mehr Bereiche unserer Umgebung ausdehnen, sobald diese Brillen zu smarten Brillen werden. In der nahen Zukunft könnten wir sogar funktionierende intelligente Kontaktlinsen haben.

Mit Hilfe der Lichtfeldtechnologie könnten wir sogar in der Lage sein, Photonen mit der dazugehörigen Tiefenschärfe auf die Netzhaut zu übertragen, wodurch sich das Auge auf verschiedene Teile einer virtuellen Umgebung konzentrieren kann, was schließlich zu einem echten holografischen Erlebnis führt.

Sämtliche Geräte werden unsere Audiosignale, Gesten und biometrischen Daten umfassend interpretieren. Dank neuronaler Schnittstellen können die Geräte unsere Absichten möglicherweise schneller erfassen als wir selbst. Die Konsequenz davon ist, dass das Metaverse mehr als nur ein Ort sein wird, den wir besuchen. Das Metaverse wird sich anfühlen wie wir.

Die Verschmelzung von Wearable- und Mobiltechnologien ist nicht nur ein technologischer, sondern auch ein gesellschaftlicher Wandel. Sie wird die Gestaltung unserer Häuser, öffentlichen Verkehrsmittel, Gemeinschaften und Arbeitsplätze verändern. Es wird die Art und Weise verändern, wie man Menschen trifft, Essen bestellt, reist und an Projekten arbeitet.

Open Systems' Challenges

Das Internet wird heute von mehreren extrem großen Plattformen kontrolliert, die als Wächter und Zahlstellen fungieren. Allerdings werden neue Technologien und offene Standards entwickelt, die das Potenzial haben, die Zukunft des Metaverse zu revolutionieren.

WebAssembly (Wasm) behauptet, schnelle und sichere Sandbox-Binärprogramme für das offene Web zu erstellen. WebGL und WebXR werden bei der Erstellung grafischer und interaktiver Erlebnisse behilflich sein, die außerhalb von App-Stores verbreitet werden können. Auf Plattformen wie dem Unity Data-Oriented Technology Stack (DOTS) werden diese Technologien genutzt, um kleine, schnelle Binärprogramme bereitzustellen, die den Erwartungen des Metaverse entsprechen (insbesondere Project Tiny bei Unity).

Da sie eine umfassende Zusammenarbeit zwischen Softwareentwicklungsprojekten ermöglichen, stellen offene Systeme auch ein soziales Phänomen dar. Reeds Gesetz, das das explosionsartige Wachstum von Apps wie Slack und WhatsApp vorhersagte, kann auch auf die Open-Source-Revolution angewendet werden, die praktisch ein genehmigungsfreies soziales Netzwerk für Softwareentwickler darstellt.

Wasm, eine quelloffene und offene Plattform, könnte die Zahl der möglichen Partner erhöhen und mehr Nutzen stiften als alle zugelassenen Plattformen zusammengenommen. Auch Systeme ohne Zugriffsrechte wie Linux und der PC dürften in der Zukunft überleben. Ebenso können Technologien wie Zero-Knowledge-Proofs und dezentralisierte digitale Identifikationssysteme den Menschen die Kontrolle über ihre Daten zurückgeben.

Da die Kunden niemandem mehr vertrauen müssen, sind sie vielleicht eher bereit, Internetanwendungen ihre persönlichen Daten anzuvertrauen.

Wenn es uns gelingt, Apps und Daten zu befreien, um das zu erreichen, besteht die Möglichkeit eines enormen Anstiegs der Netzwerkeffekte.

Einführung von Blockchain

Das Blockchain-Netzwerk, ein verteiltes Buchführungssystem, kann für Vermögenswerte und Daten das tun, was Open Source und das Internet für Software und Anwendungen tun können. Eine dezentrale Behörde, eine Aufzeichnung der Vorgänge und der Authentizität sowie eine nachweisbare Seltenheit von Vermögenswerten - all das ist mit einem Blockchain-Netzwerk möglich. Eine Blockchain erlaubt eine erlaubnisfreie Beteiligung oder Kontrolle durch eine autonome Organisation, wenn sie dezentralisiert ist.

Solche Blockchains werden für verschiedene Zwecke verwendet, einer davon ist die Programmierbarkeit. Obwohl die Programmierbarkeit nicht in jedem Blockchain-Netzwerk gegeben ist, ist sie ein wichtiges Merkmal von Ethereum und anderen "Smart Contract"-Blockchains.

Was bedeutet das? Es handelt sich einmal mehr um Netzwerkeffekte - je größer der Wert des Netzwerks, desto mehr Knoten können sich beteiligen. Gleichermaßen ist der Wert des Netzwerks nach dem Reed'schen Gesetz umso größer, je mehr Gruppen sich um verschiedene Aktivitäten herum bilden können (Spiele, Finanzlegos usw.). Der Einfluss auf den Wert ist enorm. Mehr Menschen, mehr Anwendungen und mehr Komponenten, die miteinander verbunden werden können, bedeuten mehr smarte Verträge und dezentralisierte Anwendungen.

Da man keiner Autorität vertrauen muss, werden Blockchain-Netzwerke als "vertrauenslos" bezeichnet.Das Vertrauen wird in das Blockchain-Netzwerk selbst gesetzt. Die globale Skalierbarkeit von Blockchain-Netzwerken ist auf die große Streuung aller vertrauenslosen Anwendungen, Verträge und Elemente zurückzuführen.

Dezentrale Kreditaufnahme, dezentrales Bankwesen und dezentrale Vermögensbörsen haben von den Netzwerkeffekten profitiert. Diese haben den Weg für On-Chain-Dateneinspeisungen (Orakel) geebnet, die als Voraussetzungen für intelligente Verträge genutzt werden können. Die Zunahme von NFTs könnte die Grundlage für virtuelle Güter in einer neuen Generation von Spielen, Avatar-Modifikationen und dem Metaverse bilden, da das Blockchain-Computing einige Komponenten des Cloud-Computing überflüssig macht.

Die Möglichkeiten sind unbegrenzt, wenn Vermögenswerte, Daten und programmierbare Verträge auf das offene Internet freigegeben werden. Blockchain network, a distributed ledger system, can do for assets and data whatever open source and the Internet can do for software and apps.

Walled Garden Ecosystem

Jeder Megatrend, der sich auf das Metaverse auswirkt, begünstigt sogenannte "Walled Gardens" - und wir gebrauchen diesen Ausdruck mit Wohlwollen, da Gärten attraktiv und strukturiert sein können. Ohne die Kombination dieser Eigenschaften wäre Roblox nie so populär geworden.

Die Gefahr, die von offenen Systemen ausgeht, kommt interessanterweise auch den Walled Gardens zugute. Viele Nutzer fühlen sich sicherer, da sie dasselbe Open-Source- und Blockchain-Netzwerk wie alle anderen verwenden.

Es ist einfach, einen Walled Garden zu haben. Das Problem mit dem bestehenden Umfeld von 2021 ist, dass es zu wenige Walled Gardens gibt. Es sollte einfach sein, seinen Walled Garden zu entwerfen und anderen Entwicklern zu erlauben, sich anzuschließen, die Regeln zu ergänzen, zu ändern und zu integrieren.

Mit der wachsenden Zahl von Walled Gardens stellt sich die Frage, wie die einzelnen Walled Gardens identifiziert werden sollen. So ist Roblox beispielsweise ein hierarchisches Entdeckungssystem, das als "YouTube für Spiele" fungiert und auf Suche und Attraktivität basiert. Das wird auch in Zukunft so bleiben, denn die Menschen haben Spaß am Gestalten und die Ersteller freuen sich über den Zugang zu einem großen Publikum. Es werden jedoch derzeit Technologien für portable Avatare, mobile soziale Netzwerke und Interoperabilität entwickelt. Dadurch könnten verschiedene "Walled Gardens" über offene Plattformen miteinander verbunden werden, während gleichzeitig Entdeckungs- und Gestaltungsmöglichkeiten geschaffen werden.

Wir könnten in naher Zukunft eine Hypermedia-ähnliche Architektur haben, in der Portale zahlreiche Umgebungen und Erlebnisse miteinander verbinden - das Pendant zu den Hyperlinks auf Websites in der virtuellen Umgebung.

Distributed Networks Acceleration

Die Netzwerke der 5. Generation werden die Leistung, Gleichzeitigkeit und Latenz von mobilen Netzwerken um ein Vielfaches erhöhen. Binnen eines Jahrzehnts werden wir Geschwindigkeiten von 10 Gbit/s mit einer Latenzzeit von 1 ms erleben. Das Netz der 5. Generation ist noch nicht das Ende der Fahnenstange: Mit dem künftigen Netz der 6. Generation werden diese Werte um das 10- bis 100-fache steigen.

Immer höhere Geschwindigkeiten sind erforderlich, um das Metaverse aufrechtzuerhalten. Trotzdem treten die Netzwerkeffekte auf, wenn alle Netzwerknutzer Echtzeitdaten austauschen können. Dies bietet einige der spannendsten Möglichkeiten.

Da die lokale Netzebene keine Barriere mehr darstellt, wird zusätzliche Verarbeitungsleistung an den "fernen" Rand des Netzes geliefert. Dies kann an einem nahe gelegenen Mobilfunkmast oder direkt in Ihrem Haus geschehen, wo Daten vorverarbeitet und auf Ihren kybernetischen Geräten angezeigt werden.

Da die Auswertung von Informationen auf entfernte/zentralisierte Weise zu langsam ist, wird der Großteil der künstlichen Intelligenz, die die Anwendungen steuert, am Rande stattfinden. In Zukunft muss die Konstellation der lokalen Computergeräte und Datenquellen schnell zusammenarbeiten. Bei Anwendungen im Metaverse, bei denen die Prognosen von Verhaltensweisen und der Physik gut genug sind, erfordert dies gelegentlich Vorhersagen.

Nachbildung der Realität

Jahrelang wurde eine Kombination von Hacks, die als Shader-Programmierung bekannt ist, verwendet, um Echtzeitbilder in praktisch jedem Spiel mit 3D-Grafik zu erzeugen. Das Raytracing simuliert die Darstellung von Bildern auf der Grundlage der Lichtphysik, d. h. der Art und Weise, wie Photonen an verschiedenen Materialien abprallen und diese durchdringen.

Dadurch können wesentlich attraktivere und realistischere Grafiken erzeugt werden, wobei vorgerenderte Inhalte wie Filme verwendet werden. Allerdings erfordert es einen erheblichen Anstieg der Rechenleistung. Das Echtzeit-Raytracing hingegen ist im Kommen.

Dabei handelt es sich nur um eine der Möglichkeiten, mit denen wir die Realität in unseren Computern nachbilden werden.

Eine Anwendung der Omniverse-Plattform von Nvidia ist zum Beispiel die modellierte Strömungsdynamik: Denken Sie an die realistische Darstellung eines Flusses oder eines HLK-Systems (das dazu verwendet werden kann, um zu wissen, wie stark eine Struktur bei einer Pandemie mit einer Atemwegserkrankung ist).

Diese Modelle und Maschinen mit künstlicher Intelligenz sind mit einem gemeinsamen System verbunden, das es ermöglicht, mit Hilfe von Logik und Vorhersagen ein Universum aus virtuellen Computern, Objekten, Orten und Menschen nachzubilden.

Daten werden auch über eine ständig wachsende Zahl von realen Kanälen gesammelt werden. Beispiele hierfür sind: Geodaten und Verkehrsdaten, digitale Zwillinge realer Gegenstände, die so initialisiert werden, dass sie alle ihre Merkmale melden, Orakel, die Finanzdaten für Smart Contracts bereitstellen, sowie reale Daten über Personen und Prozesse.

Wir werden also nicht nur ein Internet der Dinge haben, sondern ein Internet von allem, mit prädiktiver Analytik, künstlicher Intelligenz und Visualisierung der realen Welt. Dank dieser bahnbrechenden Neuerungen kann das Metaverse die physische Welt überlagern und simulieren und die nächste Generation von physikbasierten Spielen ermöglichen, die atemberaubender und fesselnder sind als alles bisher Dagewesene. Das Metaverse wird die Art und Weise verändern, wie wir interagieren, arbeiten und spielen; die genannten Megatrends können Ihnen dabei helfen, dies zu erkennen.

Kapitel 10. Stromversorgung für das Metaverse

Die Verbindung zwischen disruptiver Technologie und hoher Rechenleistung ist in der Regel eine Symbiose, insbesondere für das Metaverse. Hier werden mehrere dieser Technologien kombiniert, darunter KI, VR, AR und Blockchain. Speziell für virtuelle Welten wird Unternehmenshardware benötigt, um die künstlichen Umgebungen zu erstellen und zu verwalten. Zudem wird eine enorme Menge an Rechenleistung von GPU-Chips und Computerservern verbraucht.

Diese Vorlaufkosten summieren sich, vor allem auf der Unternehmensseite. Bislang hat man für die Entwicklung von Spielen in einer virtuellen Welt Investoren gebraucht, die an die Zukunft des Projekts glaubten und es auch finanziell unterstützten, um es überhaupt in die Tat umsetzen zu können. Für Second Life beispielsweise waren über 60 Millionen Dollar erforderlich, bevor das Betatestprogramm gestartet werden konnte. Die durchschnittlichen Kosten für die Entwicklung und Markteinführung eines AAA-Spiels (eine Bezeichnung für Videospiele, die von einem großen Verlag mit einem großen Budget für Entwicklung und Marketing entwickelt werden) belaufen sich auf 60 bis 80 Millionen Dollar. Dazu kommen ein Team von 150 bis 250 Mitarbeitern und eine Entwicklungszeit von zwei bis drei Jahren.

Mit der Einführung neuer Hardware und neuer Spiel-Engine-Software wie Unity und Unreal Engine, mit denen sich hochwertige 3D-Welten oder virtuelle Welten auf der Grundlage realer Räume erstellen lassen, sinken sowohl die Kosten als auch die Markteinführungszeit.

Der Microsoft Flight Simulator beispielsweise besteht aus über 2 Billionen einzeln gerenderten Bäumen, 1,5 Milliarden Gebäuden und nahezu jeder Straße, jedem Hügel, jeder Stadt und jedem Flughafen auf dem Globus. Möglich wird dies durch Scans der realen Welt. Mit Hilfe der Fotoscantechnologie kann Microsoft die reale Welt effektiv duplizieren, anstatt bei Null anzufangen.

Die Quixel-Kamera von Epic Games kann hingegen MegaScans der Umgebung erstellen, die sich aus mehreren Milliarden pixelgenauen Dreiecken zusammensetzen. Das Unternehmen Leica bietet für eine Investitionssumme von 20.000 US-Dollar photogrammetrische Kameras an, die die Details von ganzen Häusern, Einkaufszentren, Gebäuden und anderen Orten mit nahtloser Präzision erfassen können.

Zusammengefasst lässt sich sagen, dass diese Produkte die Erstellung virtueller Szenen, wie Filme, Spiele und Metaverse-Welten, vereinfachen und verbilligen, während gleichzeitig der Aufwand für die Gestaltung drastisch reduziert wird. Nachdem eine virtuelle Welt entworfen wurde, besteht die nächste Herausforderung darin, die hohe Bandbreite und die niedrige Latenz zu gewährleisten.

Diese werden benötigt, um die für den Verbraucher bestimmte Hardware in Form von VR-Headsets, Smartphones, Smartwatches und sonstigen Geräten wie stationäre Fahrräder oder haptische Handschuhe zu verbinden.

Für die Synchronisierung von Gesichts- und Körperbewegungen im Metaverse sind Netzwerke mit geringer Latenz - also einer kürzeren Übertragungszeit - unerlässlich. Voraussetzung dafür sind Internetdienste mit hoher Bandbreite und geringer Latenz auf der ganzen Welt - eine Anforderung, an deren Lösung der Starlink-Satellit von SpaceX und andere Unternehmen eifrig arbeiten.

Ob Internet-Satelliten ein wirksames Mittel zur Lösung von Latenzproblemen sind, ist jedoch noch nicht geklärt. Normalerweise ist es schneller, Daten über ein physisches Kabel zu senden, da die Daten eine physische Distanz zurücklegen müssen, als Daten in den Weltraum und dann wieder zurück zur Erde zu senden, wodurch eine höhere Latenz entsteht.

Außerdem stellt die Bereitstellung nahtloser virtueller und Augmented-Reality-Umgebungen für den Verbraucher eine weitere Herausforderung dar. Aber bevor wir uns mit den infrastrukturellen Herausforderungen bei der Bereitstellung von virtueller und erweiterter Realität befassen, betrachten wir zunächst den Unterschied zwischen diesen beiden Technologien.

Die beiden Technologien unterscheiden sich sowohl in der Technologie als auch im Zweck. Bei VR trägt eine Person ein Headset mit Brille und Kopfhörern, um vollständig in eine falsche Umgebung einzutauchen. Bei AR hingegen werden Informationen über unsere übliche Wahrnehmung der Welt gelegt, wie beispielsweise bei Google Glass. In beiden Fällen werden fortschrittliche Head-Mounted-Displays (HMDs) verwendet. Im Gegensatz zu VR gibt es jedoch keine physischen Hindernisse, die das natürliche Licht um Sie herum blockieren, wenn Sie AR-Geräte verwenden.

Einige Leute kritisieren, dass HMDs isolierend und nicht gesellschaftsfähig sind. Einige Untersuchungen haben ergeben, dass Nutzer, die HMDs in der Öffentlichkeit tragen, als weniger attraktiv betrachtet werden als diejenigen, die keine HMDs tragen. Diese Kritik gilt jedoch nicht nur für HMDs. Die meisten Arten von Brillen - egal ob es sich um Brillen, Lesebrillen oder andere handelt - führen dazu, dass Menschen in der Wahrnehmung anderer anders aussehen.

Auf kurze Sicht ist damit zu rechnen, dass sich Augmented Reality stärker durchsetzen wird als Virtual Reality, wie Pokémon Go gezeigt hat. Das liegt zum Teil an der leichteren Interaktionsmethode von AR (die über ein Smartphone gesteuert werden kann und keine großen Kopfhörer benötigt) und der Tatsache, dass die Technologie für jede Art von Anwendung - nicht nur Spiele - verwendet werden kann, die wir heute auf unseren Smartphones oder Tablets sehen.

Die erste Version von Google Glass für Verbraucher wurde 2013 in Form einer limitierten "Explorer Edition" veröffentlicht. Auch andere Unternehmen haben AR-Brillen entwickelt, wie z. B. Sony, die SmartEyeglass entwickelt haben.

Obwohl diese Geräte die anfänglichen Erwartungen nicht erfüllen konnten, befinden wir uns auf dem Weg vom Informationszeitalter in ein Zeitalter, in dem die Technologie allmählich stärker in das tägliche Leben integriert wird. Das gilt sowohl für AR-Headsets wie Google Glass als auch für VR-Headsets wie die Oculus Rift.

Die Aussichten auf Virtual und Augmented Reality sind aufregend, da diese Technologien das Potenzial haben, die Art und Weise, wie wir auf Informationen zugreifen und mit Online-Inhalten interagieren, völlig zu revolutionieren. Außerdem werden sich negative Wahrnehmungen allmählich ändern, da Spezialgeräte wie Headsets und Bewegungstracker immer billiger und miniaturisiert werden.

Im Gegensatz zu Virtual Reality ist eine weitere Herausforderung für Augmented Reality die Tatsache, dass AR die richtige Kameraeingang benötigt, um ein zusammengesetztes Bild zu erzeugen.

Das heißt, dass Lichtquellen vorhanden sein müssen, damit AR funktioniert (z. B. das Licht von Straßenlaternen oder Sonnenlicht). Alle Schatten, die von den Objekten erzeugt werden, müssen auch genau das widerspiegeln, was durch das Gerät gesehen wird.

Bei der VR-Technologie stellt dies kein Problem dar, da hier anstelle von Echtzeit-Kameraeingaben projizierte Bilder verwendet werden können.

Eine weitere wichtige Funktion ist die Remote Presence-Technologie - eine besonders realistische Form der Videokonferenz, die heutzutage mit Hilfe von Kameras und Mikrofonen sowie Panoramadisplays realisiert werden kann. Diese Technologie wird schon seit Jahrzehnten in der ein oder anderen Form für virtuelle Welten eingesetzt. Das Einsatzgebiet reicht von den frühen Multi-User-Dungeons (MUDs) über grafikbasierte Spiele wie "The Realm Online" bis zu aktuellen MMORPGs (Massively Multiplayer Online Role-Playing Game) wie "World of Warcraft". Die größte Hürde für ein frei zugängliches Metaverse ist jedoch das Fehlen einer standardisierten Schnittstelle.

Derzeit werden die meisten virtuellen Umgebungen mit proprietären Systemen entwickelt. Benutzer, die sich zwischen verschiedenen Welten bewegen, müssen daher jedes Mal neue Schnittstellen verwenden, wenn sie ihre Präsenz in eine andere Welt verlagern. Um diese Idee durchzusetzen, muss ein Unternehmen oder eine Organisation ein quelloffenes System oder ein Standardwerk schaffen.

Es ist wichtig anzumerken, dass, selbst wenn eine Standardschnittstelle eingeführt wird, ein weiteres Problem der Widerstand der Nutzer gegen Veränderungen sein wird.

Die Nutzer wollen die virtuelle Welt, die sie bereits haben, aus verschiedenen Gründen nicht aufgeben, egal ob sie auf einem alten Standard basiert oder weil sie dort im Laufe der Zeit eine große Anzahl von Freunden aufgebaut haben. Wir erleben dies bereits bei Chat-Tools wie dem IRC-Chat, die eine treue Anhängerschaft haben, obwohl sie von neueren Online-Tools für soziale Interaktion größtenteils verdrängt wurden.

Eine Lösung dieses Problems könnte darin bestehen, beide Welten gleichzeitig anzubieten und den Benutzern die Wahl zu lassen - ungefähr so, wie wir es heute bei Second Life sehen, wo sich die Benutzer entweder in das alte Netz von Linden Lab oder in das neue quelloffene Netz namens "OpenSim" einloggen können. Derzeit verfolgen nur wenige Projekte diese Idee. Es handelt sich jedoch um eine interessante Idee, die zur Lösung des Problems der Wechsel beitragen könnte, sollte sie in die Praxis umgesetzt werden.

Auch die Möglichkeit für die Nutzer, auf ihre digitalen Vermögenswerte und Aufzeichnungen in allen Metaverse-Welten zuzugreifen, ist für die Akzeptanz durch die Nutzer und den langfristigen Erfolg einer lebendigen virtuellen Welt entscheidend. Bei herkömmlichen Spielen sammeln die Nutzer in einem Spiel Belohnungen. Sie erhalten eine globale Rangliste und andere Ressourcen, fangen aber wieder bei Null an, sobald sie sich für ein neues Spiel entscheiden. In einem offenen Ökosystem wie dem Metaverse hingegen könnten die Errungenschaften, Abzeichen, Skins, non-fungible tokens (NFTs) und andere Werte in andere Welten übertragen werden.

Genau so, wie es Kinder mögen, in Disneyland gekaufte Artikel auch außerhalb des Themenparks zu tragen. Die Interoperabilität zwischen virtuellen Welten und Spielen wird zwar kaum diskutiert, kann aber schwerwiegende Auswirkungen auf die Chancengleichheit und die Wirtschaft innerhalb der Welt haben.

Da jede virtuelle Welt als lokale Gemeinschaft fungiert, könnten "Insider" es nicht gutheißen, wenn " Außenstehende" mit Vermögenswerten ankommen, die sie sich in dieser Welt als einheimische Benutzer verdienen mussten. Wenn Außenstehende ihr virtuelles Vermögen mitbringen dürfen, könnte dies in der virtuellen Welt zu den gleichen Vorbehalten führen, wie wir sie in der realen Welt gegenüber Touristen, Auswanderern und Einwanderern haben. Das könnte die Gemeinschaften der virtuellen Welt sogar dazu zwingen, Regeln für Neuankömmlinge einzuführen und festzulegen. Das wiederum könnte zu virtuellen Pässen, virtuellen Einfuhrsteuern und sogar zu virtuellen Grenzkontrollen analog zur realen Welt führen.

Die Umsetzung dieser Art von Interoperabilität ist auch ein schwieriges Unterfangen, was die Genehmigung und die Technologie betrifft. Im Hinblick auf die Infrastruktur muss der Informationsaustausch zwischen verschiedenen Anbietern und Systemen in einer Weise erfolgen, die wiederholbar und verständlich ist. Obwohl dies nicht einfach zu bewerkstelligen ist, bietet Epic Games einen interessanten Präzedenzfall in der Spielewelt.

Ein Teil des Erfolgs von Fortnite, das von Epic Games entwickelt wurde, beruht auf dem Bemühen, herkömmliche wettbewerbsfeindliche Praktiken zu überwinden, indem es geräte- und betriebssystemübergreifend kompatibel ist. Statt das Spielerlebnis auf eine einzige Konsolenversion zu beschränken, kann das Spiel reibungslos auf verschiedenen Konsolen gespielt werden. Dank dieses interoperablen Modells können die Spieler auf digitale Vermögenswerte, Ranglisten und Reputation zugreifen, die sie in verschiedenen Versionen des Spiels (z. B. PlayStation, Nintendo und Microsoft) angesammelt haben. Das hat dazu beigetragen, eine größere Zahl von Nutzern zu erschließen und ein großes weltweites Interesse zu wecken.

Als nächstes müssen die einzelnen Welten, einschließlich zentralisierter Projekte wie Facebook Horizon Worlds oder Fortnite, bereit sein, mit den anderen virtuellen Welten im Metaverse zu arbeiten und Interoperabilität zuzulassen. Hierfür gibt es in der Spiele- und Unterhaltungsindustrie nur wenige Anwendungsfälle (mit Ausnahme von teuren Lizenzvereinbarungen zwischen Spieleentwicklern und externen Marken wie Disney und Lego). Sogar zwischen dezentralen Plattformen ist es derzeit umständlich oder unmöglich, Assets, Skins, NFTs und Spielwährungen von der einen zur anderen Plattform zu übertragen.

Wie bereits erwähnt, wollen die Nutzer jedoch einen Ort haben, an dem sie auf alles, was sie besitzen, zugreifen können. Um dieses Problem zu lösen, schlägt der VC-Investor Matthew Balls einen zusätzlichen Metaverse-Dienst in Form einer Geldbörse oder eines Speicherplatzes vor, der eine direkte Verbindung mit jeder Plattform überflüssig machen würde. Jede Plattform müsste lediglich ihre Kompatibilität mit einem bestimmten Wallet- oder Speicherdienst sicherstellen.

Auch soziale Kanäle, darunter Discord (eine Instant-Messaging- und Kommunikationsplattform), und Sekundärmarktplätze werden voraussichtlich eine Rolle spielen. Discord zum Beispiel ist auf über 250 Millionen Nutzer angewachsen, nachdem es das Problem der begrenzten Kommunikationsmittel zum Streamen von beliebten Spielen wie Fortnite und League of Legends gelöst hatte. Als soziale Kommunikationsebene ermöglicht Discord die Verbindung mit verschiedenen Spiele-Franchises in einer offenen Umgebung.

Sekundärmarktplätze wie OpenSea (ein Peer-to-Peer-Marktplatz zum Kauf und Verkauf von virtuellen Vermögenswerten auf der Blockchain) sind ebenfalls in verschiedene dezentrale Welten integriert, um die Übertragung von Vermögenswerten als Teil einer externen Eigentumsebene zu ermöglichen. Während Nutzer in der Regel keine nativen Vermögenswerte von einer Welt in eine andere übertragen können, könnte OpenSea dazu verwendet werden, nicht-native NFTs (die nicht zu einer bestimmten Welt gehören), wie z. B. digitale Kunstwerke, von einer Welt in eine andere zu importieren.

Eine andere Teillösung im Bereich der Interoperabilität ist das Metakey-Projekt. Dieses Projekt bietet einen multifunktionalen non-fungible Token (NFT), der plattformübergreifend verwendet werden kann. Wer diesen Token kauft, kann ihn als speziellen Schlüssel verwenden, um sich in Avatare zu verwandeln, Spielgegenstände und besondere Spielvorteile in verschiedenen Welten zu erhalten, auf Lernressourcen in einer Videokursdatenbank namens Metakademy zuzugreifen. Außerdem erhält man Zugang zu virtuellem Land und Veranstaltungen und kann Rabatte nutzen.

Abgesehen von den Hindernissen der Interoperabilität zwischen den virtuellen Welten gibt es auch die Herausforderung der Technologieanpassung, die im Laufe der Geschichte von AR und VR oft geschmäht wurde. Der Zugang zu vielen dezentralen Welten erfolgt nach wie vor über eine herkömmliche 2D-Webbrowser-Oberfläche, ohne dass eine der beiden Technologien verwendet wird.

Fügt man AR oder VR zu den jüngsten Innovationen im Bereich des virtuellen Eigentums hinzu, einschließlich NFTs, Kryptowährungen und virtuellem Land, erhöhen sich die Hürden für die Akzeptanz und die Zahl der frühen Anwender wird eingeschränkt.

Kurzum: Indem sie von den Nutzern verlangen, die VR- oder AR-Technologie zu akzeptieren, damit sie ihre virtuelle Welt erkunden können, verlangen die Entwickler von den Nutzern nicht nur, dass sie die Idee von virtuellem Eigentum und virtuellem Land annehmen, sondern auch, dass sie in eine Technologie investieren, die nicht zum Mainstream gehört, nämlich VR oder AR.

Tatsächlich ist bereits ein Proxy Contest im Gange, der indirekt von den Gründern der virtuellen Welten ausgetragen wird. Die Spaltung läuft auf die technische und philosophische Frage hinaus, ob das Metaverse "lo-fi" oder "hi-fi" sein soll.

Für Jamie Burke von Outlier Ventures sind Hi-Fi-Projekte solche, bei denen die technischen Grenzen der Erfahrung durch Software und Hardware bewusst erweitert werden, wie z. B. bei Somnium Space. Lo-fi hingegen beschreibt Projekte, die auf möglichst geringe Geräte- und Bandbreitenanforderungen ausgelegt sind. Sie sollen universell zugänglich sein, wie etwa Cryptovoxels. Weitere Projekte wie Decentraland und Second Life bewegen sich an der Grenze zwischen Hi-Fi und Lo-Fi und weichen auf der anderen Hauptachse ab, die in Bezug auf Eigentum und Verwaltung "offen" oder "geschlossen" ist.

Kapitel 11. Kryptowährungen und Metaverse

Kryptowährungen sind eine einzigartige Form digitaler Währungen, die den direkten Austausch von Informationen ohne eine zentrale Behörde ermöglichen. Diese Peer-to-Peer-Methode zeichnet sich dadurch aus, dass sie dezentralisiert und sicher gegen Betrug. Die Beliebtheit von Kryptowährungen hat im Laufe der Zeit zugenommen, und ihre einzigartigen Eigenschaften ziehen heute viele Menschen an, die früher traditionelle Währungen bevorzugt haben. Je nach den Marktbedingungen und dem Vertrauen der Anleger in die Kryptowährung kann der Wert dieser Währung stark schwanken.

Nachfolgend finden Sie eine kurze Beschreibung der Entstehung von Kryptowährungen, ihrer Geschichte und wie sie sich im Laufe der Zeit verändert haben.

Die Geburtsstunde von Kryptowährungen

Im folgenden Abschnitt finden Sie detaillierte Informationen darüber, wie Kryptowährungen entstehen und warum sie aufgrund ihrer einzigartigen Eigenschaften so beliebt geworden sind. 2009 wurde die erste Kryptowährung namens Bitcoin der Öffentlichkeit vorgestellt. Sie wurde im Januar von Satoshi Nakamoto, einem anonymen Programmierer, der seine Erfindung auf einer Kryptographie-Mailingliste veröffentlichte, erstmals gemined.

Schon im Mai wurde klar, dass Bitcoin ein echtes Potenzial hat, als sein Wert von weniger als 0,01 Dollar auf 0,01 Dollar anstieg, wobei der Preis im Laufe des Jahres kontinuierlich zunahm.

Dieses Zahlungsmittel ist für verschiedene Verwendungszwecke gedacht, z. B. zum Einkaufen, zum Bezahlen von Rechnungen, zum Geldtransfer, zum Bezahlen von Steuern und zum Kauf von Dingen aus anderen Ländern. Durch die Einführung dieser Währung entfallen die Umtauschgebühren und die völlige Entfernung von einer zentralen Behörde.

Die angebotsorientierte Wirtschaftstheorie besagt, dass "das Angebot die Nachfrage schafft". Erstmals wurde sie 1978 in einem Buch von Robert Lucas Jr. vorgestellt, das sich mit den Auswirkungen eines staatlichen Haushaltsdefizits befasste. Das Argument gegen die keynesianische Wirtschaftslehre lautet, dass ein Rückgang der Gesamtnachfrage die Produktion verringern und die Arbeitslosigkeit erhöhen würde.

Ein finanzieller Überschuss bei den Staatseinnahmen würde dagegen zu mehr Investitionen, einer höheren Produktion durch mehr Beschäftigung und einer geringeren Arbeitslosigkeit führen. Der Gedanke ist, dass eine Erhöhung der Staatsausgaben heute zu einem Anstieg der Produktion von morgen führen würde, da das Angebot seine Nachfrage schafft oder künftige Erhöhungen des realen BIP durch Erhöhungen des realen Faktorinputs und nicht nur durch monetäre Anreize bedingt sind.

E-Commerce

"Wir müssen Online-Shops mit Kryptowährungen einrichten, die an der Börse für andere Kryptowährungen, Dienstleistungen usw. gekauft und verkauft werden können.

Auf diese Art und Weise wird die tatsächliche Nachfrage angekurbelt, wobei Kryptowährungen eine Angebotseinheit darstellen, die zwischen den gekauften Waren oder Dienstleistungen konvertierbar ist." Mike Ciesiur.

Der Zweck der Verwendung von Kryptowährungen als Tauschmittel besteht darin, eine digitale Währung zu erlangen, wobei keine physische Währung oder ein physischer Vermögenswert beibehalten wird. Hinter dieser Methode steht die Theorie, dass eine erhöhte kommerzielle Aktivität die Geldmenge in der Wirtschaft erhöht. Dies führt logischerweise zu einem höheren realen BIP, das durch einen Anstieg der realen Faktorinputs und nicht nur durch monetäre Anreize angetrieben wird.

Regierungen und Kryptowährungen

Zahlreiche Regierungen erwägen nun die Einführung eigener staatlicher Kryptowährungen, um die Notwendigkeit von Steuern als Mittel zum Währungsaustausch zu verringern.

Der Wirtschaftswissenschaftler Nick Szabo entwickelte 1994 die Idee der intelligenten Verträge. Durch diese Verträge wird sichergestellt, dass Transaktionen sowohl zu 100 % zuverlässig sind als auch automatisch durchgesetzt werden. Smart Contracts wurden bereits beim Austausch von Krankenakten für die Patientenregistrierung, bei Konkursverfahren für die Schuldeneintreibung und bei Immobilienmietverträgen für die Eigentumsverwaltung genutzt. Mehrere Regierungsbehörden, darunter die EU, die ASIC und die CIA, sind auf der Suche nach der Entwicklung eigener staatlicher Kryptowährungen. Die EU hat die Verwendung von Token für den Werttransfer zwischen Ländern in Erwägung gezogen, die keine zentrale Behörde oder einzige Behörde haben.

Die Zukunft von Kryptowährungen

Today, cryptocurrencies are widely used in both legitimate and illegitimate ways. Most government officials consider them to be a transfer method with the potential for illicit activities. The world's first cryptocurrency, Bitcoin, has been around since 2009 and has a market capitalization of about $9 billion. There are now over 1,000 cryptocurrencies available today, growing in popularity due to their unique qualities.

Welche Kryptowährungen werden im Metaverse verwendet und auf welche Weise?

Das Metaverse ist eine auf virtueller Realität basierende Wirtschafts- und Informationsplattform, die von Jingwei Du, dem Gründer der Metaverse-Blockchain, entwickelt wurde. Um diese neue Welt zu erkunden, müssen die Entwickler eine dezentralisierte Währung schaffen, die den Wert der Dinge in diesem neuen digitalen Ökosystem repräsentiert. Sie wird mit ihrer Blockchain eine weithin akzeptierte virtuelle Währung werden, weshalb Metaverse offiziell angekündigt hat, dass es die Kryptowährung EOS für seine Entwicklung verwenden wird. Der wichtigste Grund ist ihre Stabilität. Das Blockchain-System von Metaverse wird auf der EOS-Plattform laufen, die ein höheres Maß an Stabilität aufweist als andere Kryptowährungen. EOS soll eine Geschwindigkeit von etwa 1000 Transaktionen pro Sekunde haben, das heißt, dass jeder digitale Vermögenswert sofort übertragen werden kann, solange er in der Blockchain registriert ist.

Mit EOS entsteht ein potenzieller Konkurrent zu Ethereum, der führenden Plattform für die Entwicklung dezentraler Software und intelligenter Verträge. Der Erfinder von EOS, Dan Larimer, möchte seine Erfahrungen mit Bitshares (das mit STEEM konkurrierte, aber keinen Erfolg hatte) und Steemit (dem ersten Blockchain-basierten sozialen Netzwerk, das Mitgliedern der Gemeinschaft eine Möglichkeit bietet, Belohnungen für ihre Beiträge zu erhalten) nutzen, um eine neue Kryptowährung zu schaffen, die auch im Alltag verwendet werden kann. Das EOS-Projekt ist ein Blockchain-Betriebssystem, das mit Ethereum konkurrieren wird.

Das Projekt Metaverse, das ebenfalls auf dem Ethereum-Netzwerk basiert, will die EOS-Plattform für die Einführung seiner Blockchain nutzen. Jiaxing Wang (der Hauptentwickler von Metaverse) sagte, dass das Unternehmen derzeit an einer Open-Source-Blockchain arbeitet, die "den DPOS-Konsensmechanismus (Delegated Proof of Stake) von EOS und die Graphene-Technologie von Bitshare" beinhaltet. Außerdem soll damit eine dezentrale Börse für Metaverse entwickelt werden, die zur Hauptwährung für den Austausch von Informationen, Objekten und Dienstleistungen im virtuellen Universum werden soll.

EOS selbst befindet sich derzeit in der ersten Phase seines ICO (Initial Coin Offering), die am 1. Juli 2017 enden wird. Von den geplanten 200 Millionen Dollar hat das Projekt bereits 185 Millionen Dollar eingeworben, aber das Ziel muss noch erreicht werden. Im Rahmen des ICO können Anleger EOS-Token für 0,50 US-Dollar kaufen, die dann mit dem Preisanstieg und -abfall immer wertvoller werden. Der Token kann in EOS-Münzen umgetauscht und später zum Kauf auf der EOS-Plattform verwendet werden.

Andererseits hat EOS auch 2 große Konkurrenten, die derzeit durchgeführt werden: Ethereum und NEO. Erstere Entwickler wollen sie zu einer noch populäreren Plattform für intelligente Verträge machen. NEO hingegen konzentriert sich auf die Entwicklung einer digitalen Währung, die als Ersatz für gängige Fiat-Währungen verwendet werden soll. Der größte Unterschied zwischen diesen beiden Projekten ist die unterschiedliche Herangehensweise an dieses Ziel: NEO scheint bereit zu sein, die Basis für eine neue Wirtschaft zu werden, und Ethereum will eine Plattform für intelligente Verträge schaffen.

Das Bestehen von EOS als Konkurrent von Ethereum wird das Metaverse nicht beeinflussen, da es sich auf andere Prioritäten konzentriert. Das Unternehmen hat offiziell angekündigt, dass es die EOS-Blockchain und die Kryptowährung verwenden wird. Es ist jedoch noch nicht bekannt, wann seine universelle virtuelle Wirtschaft stattfinden wird. Dem Gründer des Unternehmens zufolge soll dieses neue Ökosystem eine Weltklasse-Plattform für verschiedene Dienstleistungen sein.

Fazit

Forschung, Entwicklung und Nachrichten über das Metaverse nehmen in rasantem Tempo zu. Jeden Tag lernen wir mehr und mehr. Wer Teil des Metaversums sein will, muss diese Entwicklungen aufmerksam verfolgen, am besten täglich. Diejenigen, die aufhören sich zu informieren, werden auf der Strecke bleiben. Hier sind einige Tipps, wie Sie schnell und einfach auf den neuesten Stand kommen.

Die Metaverse-Berichterstattung findet allmählich ihren Weg in die Mainstream-Medien. Diese haben sich jedoch hauptsächlich auf ethische und hypothetische Themen konzentriert. Dennoch haben die Mainstream-Medien nach wie vor einen großen Einfluss auf Investoren und große Firmennamen. Falls Sie planen, in Aktien zu investieren, ist es in Ihrem besten Interesse, herkömmliche Medien zu verfolgen. Lesen Sie regelmäßig die Technikspalten und Finanzseiten, um zu sehen, wie die herkömmlichen Medien auf all diese Themen reagieren.

Im Hinblick auf die technologische Seite des Metaversums werden Technologie-Blogs in naher Zukunft unsere wichtigste Nachrichtenquelle sein. Zahlreiche etablierte Tech-Blogs veröffentlichen bereits Inhalte über das Metaverse.

Suchen Sie sich ein paar aus, die Ihnen gefallen, und folgen Sie ihnen regelmäßig. Der Nachteil der gesamten Blogwelt ist, dass ihre Auffindbarkeit durch den Google-Algorithmus eingeschränkt ist.

Um einige der gut geschriebenen, aber kleinen Blogs zu erreichen, können Sie RSS-Feeds abonnieren oder Tools wie den BlogCatalog oder Blogging Buddy Networks verwenden.

Verfolgen Sie unbedingt die sozialen Medien, denn dort findet die Konversation statt. Eine der besten Möglichkeiten, dies zu beobachten, sind Facebook-Gruppen. Es gibt zahlreiche kleine Facebook-Gruppen, in denen Sie Tipps und Gedanken zu einer Vielzahl von Themen austauschen können. Suchen Sie sich einige aus, in denen über das Metaverse und Web 3.0 diskutiert wird, und stellen Sie Ihre Benachrichtigungen so ein, dass Sie Updates erhalten. Auch Twitter ist eine Möglichkeit, sich an der Konversation zu beteiligen, die nach wie vor ein Hotspot für technikaffine Menschen ist. Nutzen Sie Twitter optimal, indem Sie Listen erstellen und Hashtags wie "Metaverse" und "web3.0" regelmäßig verfolgen. Zu guter Letzt ist LinkedIn eine häufig unterschätzte Plattform, die Ihnen auf Ihrer Reise durch das Metaverse eine große Hilfe sein kann. Bauen Sie ein Netzwerk von Leuten auf, die in Bereichen arbeiten, die mit dem Metaverse zu tun haben, wie Gaming, Finanzen, Virtual Reality und soziale Medien.

Halten Sie sich über die Nachrichten auf dem Laufenden und verfolgen Sie die Entwicklungen. Doch Ihre Bemühungen werden vergeblich sein, wenn Sie keine Erkenntnisse aus Ihren Recherchen gewinnen. Folglich könnte Ihr Unternehmen überfordert sein, Ihre Börsenaussichten könnten beeinträchtigt werden und Ihre harte Arbeit wäre umsonst.

Vergessen Sie nicht, dass Menschen wie Bill Gates, Jeff Bezos und Mark Zuckerberg gerade wegen ihres technischen Hintergrunds auf innovative Ideen gekommen sind.

Das bedeutet nicht, dass es notwendig ist, Erfahrung oder eine Ausbildung im technischen Bereich zu haben; der Schlüssel ist, sich selbst weiterzubilden. Das Lesen weiterer Bücher, das Anhören von Podcasts, die Teilnahme an Online-Seminaren und der Kauf von E-Kursen, die jedes Thema des Metaverse eingehend behandeln, sind alles gute Möglichkeiten, um Ihnen zu helfen.

Wenn es ums Investieren geht, sollten Sie frühzeitig in Aktien investieren. Genau jetzt ist der perfekte Zeitpunkt, um günstige Aktien sowohl von Nischenunternehmen als auch von Tech-Giganten zu kaufen. Sobald das Metaverse Gestalt annimmt, wird sein Wert nur noch steigen. Kleinere Technologieunternehmen, die sich auf künstliche Intelligenz spezialisiert haben, sind eine gute Wahl, wenn Sie ein risikofreudiger Trader sind. Wer auf Nummer sicher gehen will, sollte stattdessen in etablierte Unternehmen investieren und sein Portfolio diversifizieren.

Sobald sich das Metaverse etabliert hat, wird die Erstellung von Inhalten die Hauptrolle spielen, so wie es im Web 2.0 der Fall war. Wenn Sie einer der ersten Schöpfer sind, wenn es nur eine begrenzte Auswahl gibt, werden Sie automatisch auf der Landkarte erscheinen. Mittlerweile hat jedes Unternehmen ein digitales Marketingteam, das sich um Blogs und soziale Medien kümmert. In der Anfangszeit des Web 2.0 waren die großen Unternehmen jedoch noch ziemlich verunsichert. Einige taten das Web 2.0 als eine Modeerscheinung der Jugend ab, und andere waren einfach zu groß, um den Wechsel schnell zu vollziehen. Auf das Web 3.0 werden sie besser vorbereitet sein. Trotzdem haben Einzelpersonen und kleine Gruppen eine größere Flexibilität, wenn es darum geht, sich an neue Technologien anzupassen. Eine solche Person können sicherlich Sie sein.

Nun haben wir das Ende unserer gemeinsamen Reise erreicht. Sie verdienen einen Applaus dafür, dass Sie die Initiative ergriffen haben, mehr über das Metaverse zu erfahren. Ich wünsche Ihnen viel Glück und freue mich darauf, Sie eines Tages im Metaverse zu treffen!